aventura

LIBRO DEL ALUMNO

Rosa María Martín

Martyn Ellis

Hodder & Stoughton

A MEMBER OF THE HODDER HEADLINE GROUP

Acknowledgements

The authors would like to thank the following people for their contribution to the production of this book:

Tessa and Isabel Ellis Martín, our daughters; the Señores Manuel Martín and Rosa Yuste; the children of Belchite and Zaragoza who allowed themselves to be photographed and recorded; the director, staff and children of the Colegio Santo Domingo de Silos, Zaragoza, especially Josefina Lafoz; the Mayor of Belchite, don Domingo Serrano Cubel and family; José Espinosa; Isabel Baquero; Axayàcatel Campos; Neal Ray; and finally the editorial team at Hodder: Max Cawdron, Nat McBride, Rosa Blanco, Carla Turchini, Sue Tyson-Ward and Tim Gregson-Williams, not forgetting everyone else who has contributed to this book.

The authors and publishers are grateful to the following for permission to reproduce photographs:

Academia San Fernando, pp.145,147; Action Plus/Glyn Kirk, pp.75,85 (right); Action Plus/John A Peirce, p.83 (top); Action Plus/Mike Hewitt, p.85 (centre left); Action Plus/Peter Tarry, p.85 (left); Action Plus/Tony Henshaw, p.85 (centre right); Archivo Fotográfico, p.167 (bottom); Archivo Fotográfico/Museo Reina Sofía, p.47; Bruce Coleman/Hans Reinhard, p.108 (no.4); Chris Sainsbury/SCP, p.59 (no.d); Chris Sharp/South American Pictures, p.59 (no.c); Corbis-Bettmann, pp.46 (bottom portrait),129 (3),148 (nos.2,7); Corbis-Bettmann/UPI, p.46 (bottom landscape); Diana Hornsby, p.67 (nos.3,4,5); Fototeca Stone, p.25 (bottom); Gonzalo M. Azumendi, p.79 (nos.a,b,c,d,f); Hulton Getty, p.167 (top); Institut d'Art Hispànic/Museo del Prado, p.147; Katherine Stathers, pp.157 (4), 158 (2); Life File/Andrew Ward, pp.35 (nos.e,f),37,39 (centre); Life File/Emma Lee, p.12 (right); Life File/Jeremy Hoare, p.35 (no.d); Life File/Ken McLaren, pp.35 (no.a),59 (no.b); Life File/Nigel Sitwell, pp.35 (nos.b,c),59 (no.a); Life File/Richard Powers, pp.35 (no.g), 39 (top,left); Life File/Xavier Catalán, p.150 (no.d); Luis Alberto Arce, p.48 (right),108 (left),116; Mexican Tourist Office, pp.14 (bottom 3),39 (centre right); Popperfoto, p.25 (top, middle); Sally Anne Thompson, p.108 (no.3); Spanish Tourist Board, pp.150 (nos.a [Blanca Berlín],b [A. Garrido],c,e [E. Diaz Campo]),161 (top right, bottom right),162 (top left [Mario Brossa], top right and bottom middle [Pascual Lobo], bottom left José Luis G. Grande]); Sue Cunningham/SCP, p.59 (no.e); Tony Stone Images/Dan Bosler, p.67 (no.1).

The authors and publishers are grateful to the following for permission to reproduce text and printed material:

Caja de Ahorros de la Inmaculada, pp.148 (no.3),166; *Escapadas*, p.93; ADDA, p.117; *Aire Libre*, pp.29,32; Bitácora, p.21; *Chica Hoy*, p.119,143; *Clara*, pp.105, 106; Correos y Telégrafos, p.133; *El Periódico de Aragón*, p.60; El Toro Bravo, p.28; Grupo Zeta/Ediciones B, p.155; *La Vanguardia*, pp.136-7; Laboratorio Korhispana, S.A., p.105; *Marca*, p.81; *Mía*, p.9; *Muy Interesante*, pp. 51,71,114,115,139,153; *Nuestra Zaragoza*, p.61; Pizza Hut, p.97; Proctor & Gamble España, S.A., p.103; Quipos/Quino, pp.31,57,127; Santiago Menéndez Pidal y *Los Hermanos Flores*, p.151; Secretaría de Educación Pública de México, p.101; *Super Junior*, p.141,142; *SuperPop*, p.137,141; *Telva*, p.70; *Todosport*, pp.65,79 (no.e),80; Verge, p.93; *Viajar*, p.84.

The publishers would also like to thank the following for their ilustrations:
Peter Bull, Francesca Cassavetti, Richard Cox, Phil Dobson, Richard Duszczak, Sascha Lipscombe, Andrew Warrington.

Design concept and illustration: Amanda Hawkes.
Designed and set by Carla Turchini Graphic Design, London.

The authors and publishers have made every possible effort to trace all copyright holders. In the few cases where copyright could not be traced and acknowledged, due acknowledgement will be made in future reprintings if copyright holders make themselves known to the publishers.

Orders: please contact Bookpoint Ltd, 39 Milton Park, Abingdon, Oxon OX14 4TD. Telephone: (44) 01235 400414, Fax: (44) 01235 400454. Lines are open from 9.00 - 6.00, Monday to Saturday, with a 24 hour message answering service. Email address: orders@bookpoint.co.uk

British Library Cataloguing in Publication Data

A catalogue record for this title is available from The British Library
ISBN 0 340 63064 7
First published 1999
Impression number   10 9 8 7 6 5 4 3 2 1
Year   2004 2003 2002 2001 2000 1999
Copyright © 1999 Rosa María Martín & Martyn Ellis

Printed in Hong Kong for Hodder & Stoughton Educational, a division of Hodder Headline Plc, 338 Euston Road, London NW1 3BH by Colourcraft.

Contents

Contents

Contents

Contents

Contents

La vuelta al instituto

- *Hablar de las fechas de las vacaciones y de la vuelta al instituto.*
- *Decir qué sientes al volver al instituto.*
- *Expresar opinión y estados de ánimo.*

A ¡Qué cortas son las vacaciones!

1 Habla con tu compañero/a. Contesta estas preguntas.

1 ¿Cuántas vacaciones tienes en verano?
2 ¿Qué día empiezan?
3 ¿Cuándo vuelves al instituto?
4 ¿Cuántas vacaciones tienes en total, todo el año?

2 Escucha a Jaime y Sara que contestan las mismas preguntas. ¿Qué dicen?

3 Jaime y Sara continúan hablando de las vacaciones:
    a ¿Quién dice qué?

a veces me aburro un poco

me gusta estudiar cosas nuevas

pues, contento

¡muuuuuy cortas!

en general me divierto

yo creo que bien

pues yo, ...cansada

¡es bueno aburrirse!

Jaime

Sara

b Une las expresiones con las preguntas correspondientes.

1 ¿Crees que las vacaciones de verano son largas o cortas?
2 ¿Te diviertes o te aburres durante las vacaciones?
3 ¿Tienes ganas de volver al instituto? ¿Por qué?
4 ¿Cómo estás cuando vuelves al instituto?

• **lo bueno es que...**
Lo bueno es que veo a mis amigos.

• **lo malo es que...**
Lo malo es que tengo que estudiar mucho.

179

4 **¿Y tú? Habla con tu compañero/a. Contesta las preguntas de A3. Usa las frases como ayuda.**

5 **Lee las frases y añade: 'lo bueno es que...' o 'lo malo es que...'**

Ejemplo lo bueno es que puedes dormir.
lo malo es que no tenemos ninguna fiesta.

1 _____ mañana es fiesta.
2 _____ todos los días son iguales.
3 _____ voy a ver a mis abuelos.
4 _____ las vacaciones son muy cortas.
5 _____ tenemos muchos exámenes.

¡Atención!

¡Qué va! = not at all
un montón (de) = loads/lots (of)
¡Claro! = of course

B ¡Qué divertido!

6 **Lee la historieta de Rita y contesta las preguntas:**

1 ¿Qué le pasa a Rita?
2 ¿Por qué?
3 ¿Qué crees que hace Rita durante las vacaciones?

7 **Y tú, ¿qué haces generalmente durante las vacaciones? Habla con tu compañero/a.**

C Planes para el nuevo curso

8 Lee el artículo sobre cómo organizarte para empezar el nuevo curso. Une los consejos con los dibujos correspondientes. Algunos consejos no corresponden a ningún dibujo. ¿Puedes hacer los dibujos tú para el artículo?

Curso nuevo, vida nueva

¿Eres ordenado o eres un desastre? Si eres un desastre, pero tienes clase, éste es un buen momento para solucionar tu problema, así que si quieres empezar el curso bien, a continuación te damos unos consejos útiles. Éstas son las cosas que debes hacer:

1 Ordenar tu cuarto.
2 Tener cada cosa en su sitio y un sitio para cada cosa.
3 Trabajar con la mente fresca y preparada.
4 Planificar tus actividades.
5 Hacer cada cosa a su tiempo.
6 Escribir en una hoja muy grande tu programa de trabajo, ¡y mirarla!
7 Escribir en la agenda cuándo es el cumpleaños de tus amigos y amigas, las fiestas y otras fechas importantes.
8 Trabajar en equipo.
9 Dejar las cosas en el mismo sitio. Así por la mañana no tendrás que buscar las llaves o la cartera durante media hora.
10 Estudiar con música suave. Aprenderás más.
11 Pero sobre todo: Tener tiempo para hacer lo que más te gusta y divertirte, eso te ayudará a estudiar más y a vivir mejor durante todo el año.

9 **Carlos escribe sus planes para el curso en su agenda.
Completa la agenda. Después escucha y comprueba.
Compara con el artículo. ¿Qué planes son diferentes?**

Agenda

MIS PLANES

Este año ...

1 _____ mi cuarto.

2 _____ en clase.

3 _____ más.

4 _____ los deberes
   todos los días.

5 _____ a la cama pronto
   por la noche.

6 _____ mi programa de
   trabajo en una hoja grande.

7 _____ con mis
   compañeros y profesores.

8 _____ mucho en mi
   tiempo libre.

10 **¿Y tú? Habla con tus compañeros: ¿Qué planes tienes para el curso?**

11 Ⓟ **Haz un póster con los planes de todos los estudiantes de la clase.
Trabajad en grupos y después intercambiad ideas. El profesor o profesora
pone sus planes también.**

Aventura Semanal

Canción popular (adaptada)
¡Que vivan las vacaciones!

Salí de La Habana un día
camino de Santander,
y en el camino encontré
un cartel que así decía:
¡Que vivan las vacaciones!
no tenemos que estudiar,
los libros a los rincones
y nosotros a bailar

 La canción

¡Ya sabes!

Lo bueno es que veo a mis amigos. Lo malo es
que tengo que levantarme pronto.
¿Tienes ganas de volver? Sí/no tengo ganas.
Me divierto. Me aburro.
Las vacaciones son / me parecen cortas.

Las vacaciones

- *Hablar de lo que hiciste durante las vacaciones.*
- *Hablar del tiempo en el pasado.*

A ¿A dónde fuiste de vacaciones?

1 Escucha a Cristian, Tatiana, Sara y Carlos ¿A dónde fueron de vacaciones?
Une a cada chico/a con el lugar correspondiente.

Cristian

Tatiana

Carlos

Sara

Broto

Tenerife

Santander

Salou

2 Los chicos/as continúan hablando de sus vacaciones. Completa el cuadro.

	Cristian	Tatiana	Carlos	Sara
lugar				
alojamiento				
tiempo (duración)		¡no escribas aquí!		
fechas				
transporte				
con quién				

3 **Hablad en grupos de cuatro. Estudiante I es Cristian, 2 es Tatiana, 3 Carlos y 4, Sara. Usad la información del cuadro de A2.**

Ejemplo Estudiante 3 (Carlos): 'Yo fui a Broto, fui solo, a un campamento...'

4 **Escribe un párrafo para cada chico/a en la tercera persona:**

Ejemplo Carlos fue a Broto, fue solo...

Pretérito indefinido: verbos irregulares 175

Estar: yo estuve - tú estuviste - él /ella /usted estuvo -
Fui a... = I went to... / Estuve en... = I was in...
Hacer: ¿Qué tiempo hizo? Hizo calor
Tener: yo tuve - tú tuviste - él /ella /usted tuvo -

Pronunciación y ortografía

La primera y tercera persona singular de la mayoría de los pretéritos indefinidos irregulares se pronuncian con la intensidad en la penúltima sílaba: t**u**ve, t**u**vo, est**u**ve, est**u**vo, h**i**ce, h**i**zo, y no llevan acento.
Pero,¡atención! La primera y tercera persona singular de los pretéritos indefinidos regulares tienen la fuerza de voz en la última sílaba y llevan acento: monté, nadé, bebí, comí, salí, dormí.

B ¿Qué tiempo hizo?

5 **¿Recuerdas el tiempo? Completa las frases. Escucha al hombre del tiempo y comprueba.**

El Tiempo Hoy			
Informe del tiempo para hoy en las principales ciudades europeas:	París: 5°		Roma:
	Londres:		Atenas: 30°
	Dublín: 40		Madrid:
	Moscú:		Berlín:

6 **Ayer hizo el mismo tiempo en las ciudades de B5. Escribe frases. Escucha y comprueba.**

Ejemplo Ayer en París hizo frío.

7 Lee y completa la postal de Carlos. Escucha y comprueba. Después contesta las preguntas:

1 ¿Qué hizo Carlos ayer?
2 ¿Qué tiempo hizo en Broto durante las vacaciones de Carlos?

Queridos papás:
El campamento _____ estupendo, lo paso _____ bien. Las montañas _____ muy bonitas y ¡muy altas! Ayer _____ de excursión y subimos a una montaña. El tiempo _____ muy bueno y no llueve mucho. Por el día _____ mucho calor y sol, pero por las noches _____ fresco y a veces _____ tormenta. _____ muchos amigos.
Hasta pronto, Carlos.

C ¿Qué hiciste en las vacaciones?

8 ¿Y tus vacaciones? Habla con tus amigos de lo que hiciste y del tiempo que hizo. Si quieres inventa.

9 Lee las actividades que hizo Tessa en México y escribe frases en el pasado.

Ejemplo Llegó a México.

LO MEJOR DE MÉXICO

1 Llegar a México
2 Ir a la playa
3 Ir de excursión a una isla
4 Comer en un barco
5 Visitar los monumentos mayas
6 Comer en un restaurante típico
7 Dormir en el hotel Aluxes
8 Ver las pirámides
9 Estar en el hotel Copacabana
10 Hacer una excursión por una ciudad turística
11 Pasear por una ciudad
12 Comprar regalos
13 Ver una catedral
14 Visitar la capital del país
15 Volver a España

10 Ahora escucha a Tessa.

11 Tú hiciste el viaje de **C9**. Escribe tu diario de vacaciones. Usa el programa como base, pero inventa más actividades si quieres. ¿Qué hiciste?

LUNES	MARTES
El primer día llegué a Cancún y fui al hotel por la tarde. Cené en el hotel y bebí un refresco en un bar. Después salí a dar un paseo.	

12 Preparad un diario de vacaciones de la clase, con fotos de lugares que visitasteis. Podéis inventar y usar folletos de agencias de viajes si queréis.

Aventura Semanal – ¿Sabes?

Así nació el turismo

El turismo nació en el siglo dieciocho con los viajes de los aristócratas británicos por Europa. En la expansión del turismo fue muy importante el ferrocarril. El inventor del turismo moderno, del turismo para todas las clases sociales, fue el británico Thomas Cook, que en 1841 tuvo la brillante idea de formar un grupo de personas para hacer un viaje y pidió un precio económico a la compañía de ferrocarril. Este grupo de 500 excursionistas fue a Loughborough.

En 1845 organizó un viaje a la costa de Liverpool para 1200 personas, en el que, además del transporte, organizó hoteles y restaurantes, así como excursiones por la región. Así comenzaron los viajes en grupo. En 1836 apareció la primera guía de viajes moderna de la historia. La escribió el británico John Murray y tuvo un gran éxito.

¡Ya sabes!

Fui en tren.
Yo estuve en un camping.
Carlos estuvo una semana.
¿Qué tiempo hizo ayer?
Hizo calor, hizo frío, nevó, llovió.

3

Fotos y recuerdos

- *Hablar de unas vacaciones en el extranjero.*
- *Describir fotos. Decir lo que estás haciendo.*
- *Hablar de los amigos que conociste durante las vacaciones.*

A ¡Qué fotos tan bonitas!

1 Escucha a Leticia que habla sobre sus vacaciones en Londres y contesta las preguntas:

1 ¿Cuándo fue a Londres?
2 ¿Cuánto tiempo estuvo allí?
3 ¿Con quién estuvo en Londres?
4 ¿Qué hizo en Londres?
5 ¿Qué lugares visitó?
6 ¿Qué es lo que más le gustó?
7 ¿Qué es lo que menos le gustó?

2 Leticia nos enseña unas fotos de las vacaciones y nos las comenta. Une las fotos con lo que dice Leticia.

3 **Habla con tu compañero/a. Usa las fotos y descríbelas a tus amigos.**

4 **Trae tus fotos de vacaciones si quieres y habla de ellas a tus compañeros.**

- **Gerundio:** verbos en -ar : -ando (cenando); verbos -er , -ir son iguales: -iendo (comiendo, escribiendo)

  Presente continuo: estar + gerundio

  Estoy comprando

  Estás comiendo

  Está escribiendo

  175

Nota: dormir: durmiendo

- Que= who: el chico que lleva una chaqueta marrón es Petrus.

5 **Une las fotos de las vacaciones de Pepito con las frases que escribió debajo de cada foto. Escucha y comprueba.**

1 Aquí estoy escribiendo una carta.
2 Aquí estoy jugando al tenis.
3 En esta foto estoy comiendo.
4 Y en esta foto estoy bailando.
5 En esta foto estoy tomando el sol en la playa.
6 Y en esta foto estoy bebiendo un refresco.
7 Aquí estoy nadando.
8 Y aquí estoy durmiendo.

¡Atención!

ajetreado = busy
diploma = certificate
cera = wax
calvo = bald
escalones = steps
poner la mesa = to set the table

B Estoy haciendo los deberes

6 Juanita encuentra muchas excusas para no hacer lo que le pide su madre. Lee y completa los globos de la historieta. Escucha el diálogo entre Juanita y su madre y comprueba.

Ejemplo 1. "¡Oh, no! Estoy hablando por teléfono."

7 a Continuad la conversación en parejas, inventando más diálogos y dibujad más viñetas.

b Después representad el diálogo. Estudiante **A** es la madre y estudiante **B** Juanita (¡o Juanito!).

8 ¿Qué estoy haciendo? Mima una acción, tus compañeros/as adivinan lo que estás haciendo.

Ejemplo Estoy estudiando.

C ¿Y este chico quién es?

9 Leticia habla de una foto que hizo a los amigos que encontró durante sus vacaciones. Escribe la nacionalidad y el nombre de cada uno en las flechas correspondientes. Después describe tú la foto.

10 ¿Recuerdas las nacionalidades? Mira los países y escribe la nacionalidad que corresponde a cada uno en masculino y femenino.
Escribe más países y nacionalidades.

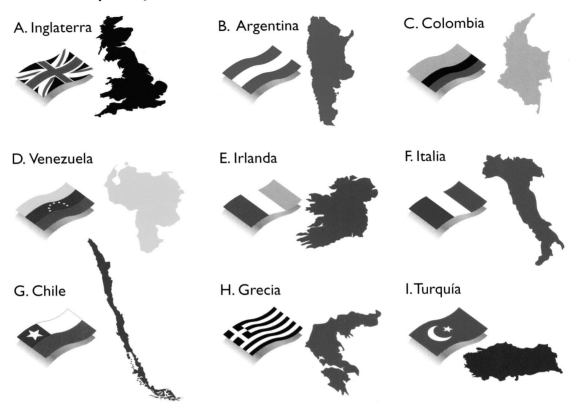

A. Inglaterra

B. Argentina

C. Colombia

D. Venezuela

E. Irlanda

F. Italia

G. Chile

H. Grecia

I. Turquía

11 España está dividida en Comunidades Autónomas y éstas en provincias.
Mira el mapa con los nombres. Pero, ¿sabes cómo se llaman sus habitantes?
Para saberlo lee una parte del poema de un famoso poeta español, Miguel Hernández.
Allí encontrarás los nombres.

Del poema: 'Vientos del Pueblo' (1937)

Asturianos de braveza,
vascos de piedra blindada,
valencianos de alegría
y castellanos de alma,
labrados como la tierra
y airosos como las alas;
andaluces de relámpagos,
nacidos entre guitarras
y forjados en los yunques
torrenciales de las lágrimas;

extremeños de centeno,
gallegos de lluvia y calma,
catalanes de firmeza,
aragoneses de casta,
murcianos de dinamita
frutalmente propagada,
leoneses, navarros, dueños
del hambre, el sudor y el hacha,
reyes de la minería,
señores de la labranza,...

Ejemplo asturianos / Asturias

12 **Ⓟ** **a** Traed fotos de las vacaciones y preparad un álbum/póster de la clase. Escribid un texto para poner debajo de cada foto.

b Haced fotos de varios grupos de estudiantes de la clase y escribid una descripción de cada uno. Poned las fotos y las descripciones en la pared.

Aventura Semanal – ¿Sabes?

Miguel Hernández, poeta español (1910 - 1942)

Miguel Hernández es uno de los poetas españoles más importantes de este siglo. Nació en Orihuela, Alicante, en 1910, en una familia pobre, de pastores. Fue a la escuela muy poco tiempo y tuvo que trabajar como pastor. Aprendió a leer y escribir él solo, en el campo. Durante la guerra civil española, en 1936, luchó contra el fascismo y escribió muchos poemas. Se casó durante la guerra y tuvo un hijo que murió a los diez meses. En 1939 tuvo a su segundo hijo, pero no pudo estar con él porque, cuando la guerra terminó, fue a la cárcel por sus ideas políticas. En el año 1942 murió de tuberculosis, a los 32 años.

¡Ya sabes!

Estoy jugando al tenis, estás comiendo; está escribiendo una carta.
Estoy durmiendo.
La chica que lleva gafas de sol se llama Carmen.
lo que más me gustó/ lo que menos me gustó.
Tuve un verano ajetreado. Estuve en Londres.

4

La playa

O B J E T I V O S

● *Hablar de las vacaciones en la playa y de actividades relacionadas.*

● *Tomar parte en diálogos que se dan en esta situación: pedir información sobre cursillos de windsurf o alquilar un patín.*

A **¿Qué llevamos a la playa?**

 Vamos a escuchar el programa 'Vacaciones en la playa'. Es un concurso de verano. Hay tres concursantes. Marca los objetos que menciona cada uno con la letra que les corresponde:

R: Ramón
M: Maribel
F: Federico

1. una tumbona
2. un cubo
3. una sombrilla
4. una tabla de windsurf
5. una hamaca
6. un colchón de goma
7. un flotador
8. una toalla
9. un patín
10. una pelota
11. una pala
12. una esterilla
13. una lancha
14. una pala de bádminton
15. un barco de vela
16. una raqueta

2 **a ¿Sabes los nombres de otras cosas que aparecen en el dibujo?**
   b Mira el dibujo otra vez. Después, sin mirar, di o escribe las que recuerdas.
   c Haz el concurso con tus compañeros/as.

3 **Habla con tu compañero/a. ¿Qué están haciendo las personas que hay en el dibujo? Después escribe frases.**

Ejemplo Un niño está comiendo un bocadillo.

Pronunciación y ortografía

En español siempre se escribe 'm' en vez de 'n' delante de 'b' o 'p'. Escucha cómo se pronuncian estas palabras y repítelas:
tumbona, sombrilla, nombre, hombre, compañero, simpática, comprar, septiembre

4 **Tessa pasó unos días en la playa y escribió una carta a Elena, pero la carta está rota. Une las partes de la carta con las fotos. Después escucha y comprueba.**

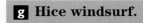

a Tomé refrescos con mi hermana.
b Tomé el sol.
c Alquilé un patín.
d Monté en una lancha.
e Fui en un barco de vela.
f Nadé en el mar.
g Hice windsurf.

4 La playa

5 Mira las fotos otra vez y, sin leer las frases, escribe tú una carta como la de Tessa.

> *Querida Elena:*
> *En julio fui a la playa...*

6 Habla con tu compañero/a: ¿Qué hiciste en la playa? Usa las fotos de **A4** y el dibujo de **A1**.

B Un día de playa

7 Escucha los diálogos y
   a marca la foto de **A4** que corresponde a cada diálogo.
   b di si las frases siguientes son verdaderas o falsas:

1 Hay cursillos de tres días.
2 Los cursillos cuestan dos mil pesetas la hora, en grupo.
3 En seis horas puedes aprender a hacer windsurf.
4 El cursillo empieza hoy.
5 Los patines grandes cuestan mil pesetas la hora.
6 No alquilan los patines para media hora.
7 Tessa quiere alquilar un patín pequeño.
8 Tessa y su amigo van a ir en lancha durante dos o tres horas.
9 Tessa toma un refresco de limón.
10 La hermana de Tessa toma un refresco de limón también.

8 Haz los mismos diálogos con un compañero/a.

¡Atención!

un cursillo = short course
manejar el equipo = handle the equipment
mantenerse sobre la tabla = stay on the board
un rato = a while

SOS Gramática SOS

3ª persona plural pretérito indefinido regular:
-ar: -aron
cenar: ellos/ellas cenaron;
-er & -ir: -ieron:
comer: comieron; salir: salieron.
empezaron: Los hombres empezaron a bañarse con pantalones cortos.
se bañaron: Las mujeres se bañaron durante varios años con camisas largas.
desaparecieron: Los calcetines desaparecieron. **175**

C El bañador

9 **Haz el test de conocimientos sobre el traje de baño.**

Test

1 La costumbre de bañarse en el mar empezó en:
   a España ☐
   b Francia ☐
   c Inglaterra. ☐

2 La primera mujer que se bañó fue:
   a una francesa ☐
   b una italiana ☐
   c una inglesa. ☐

3 El primer bañador nació en
   a 1930 ☐
   b 1890 ☐
   c 1910. ☐

4 El bikini se inventó en
   a 1966 ☐
   b 1946 ☐
   c 1956. ☐

5 Lo inventó:
   a un windsurfista ☐
   b un ingeniero ☐
   c un profesor de natación. ☐

6 El topless o monokini apareció en
   a 1984 ☐
   b 1964 ☐
   c 1924. ☐

7 El tanga nació en
   a Brasil ☐
   b Argentina ☐
   c Escocia. ☐

10 **Lee el artículo: 'La historia del bikini' y comprueba si tus respuestas son correctas.**

Dos siglos de la moda de baño

La costumbre de bañarse en la playa comenzó en 1750 más o menos con el rey Jorge III de Inglaterra, que se bañó varias veces en Weymouth.

1822 Una mujer se bañó en la playa por primera vez. La duquesa de Berry, francesa, se bañó, vestida, en Dieppe (Francia).

1890 Nació el primer bañador: camisa, pantalón y calcetines para el hombre y la mujer.

1915 Los calcetines desaparecieron. Los hombres empezaron a bañarse con pantalones cortos, pero las mujeres aún se bañaron durante varios años con camisas largas y faldas.

1930 Apareció el primer bañador femenino 'moderno'. Era de lana y con pantalones para cubrir las piernas. Mojado pesaba más de tres kilos.

1946 El ingeniero Louis Réard inventó el bikini. Lo llamó como el atolón del Pacífico donde explotó la primera bomba de plutonio. Pero el bikini se usó muy poco hasta los años sesenta.

1960 Se inventó la Lycra y con ella se hicieron los primeros bañadores elásticos.

1964 El californiano Rudi Genreich inventó el monokini o topless.

1974 El italiano Carlo Ficcardi inventó el tanga en Brasil.

1900
1920
1950

Aventura Semanal

Hoy nos vamos a la playa

Hoy nos vamos a la playa
¿qué nos vamos a llevar?
Llevamos traje de baño
y gafas de bucear.

¡Ya sabes!

Vocabulario de la playa: una toalla, una esterilla, una tumbona, una hamaca, una sombrilla, unas gafas de natación, un flotador, etc.

Empezaron, se bañaron, desaparecieron.

La canción

5

En el camping

O B J E T I V O S

- **Reservar un lugar en un camping.**

- **Describir los servicios del camping.**

- **Preguntar y decir qué se puede o no se puede hacer.**

- **Hablar sobre las ventajas y deventajas de distintos tipos alojamiento.**

A Voy de camping

Tessa llega al camping con sus dos amigas y habla con la recepcionista. Escucha y contesta las preguntas. Completa el folleto de los precios.

🚶	
🧒	
🚗	950 pts
🚐	1.500 pts
⛺	
🏍	750 pts
🚐	2.500 pts
🔌 5 Amp. 220 V	400 pts

1 ¿Qué tipo de tienda tienen Tessa y sus amigas?
2 ¿En qué parte del camping van a poner la tienda?
3 ¿Cuántos días van a estar?
4 ¿Cuánto cuesta por persona y noche?
5 ¿Cuánto cuesta por una tienda?
6 ¿Cómo pueden ir a la ciudad?
7 ¿Qué hay en el camping?
8 ¿Cuándo está abierto el restaurante?
9 ¿Dónde se puede cambiar dinero en el camping?

2 **Escucha estas tres conversaciones y contesta:**

1 ¿Qué dibujo corresponde a qué diálogo?
2 ¿Qué quiere cada persona que habla?
3 ¿Cuánto dinero tienen que pagar en total?
 Lee el folleto de los precios.

Se impersonal:
Se puede: ¿**Se** puede cenar ahora?
No **se** puede: No, no **se** puede cenar ahora.

Preposición: por
¿Cuánto cuesta **por** noche/ **por** persona/ **por** un niño?

171
173

3 **Haz diálogos como los anteriores con tu compañero/a. Estudiante A es el/la recepcionista y Estudiante B es el/la cliente. Despues cambiad. Mirad los dibujos para saber lo que queréis.**

¡Atención!

el sitio, la parcela = pitch for the tent
cambio de moneda = currency exchange
correos = post office
la peluquería = hairdresser's
el fregadero = the sink (for dishes)
el lavadero = the sink (for washing clothes)
la plancha = the iron
la animación = entertainment
alquilar = to rent, to hire
los deportes acuáticos = water sports
el alojamiento = accomodation

B ¿Qué hay en el camping?

4 En el camping hay muchos servicios para los clientes.

a Mira los símbolos ¿Qué son? Decide con tu compañero/a y escribe sus nombres.

b Escucha a Tessa que pregunta a la recepcionista qué servicios tiene el camping y comprueba. Faltan unos símbolos. ¿Cuáles?

Camping
El Toro Negro
Primera categoría
★ ★ ★ ★ ★

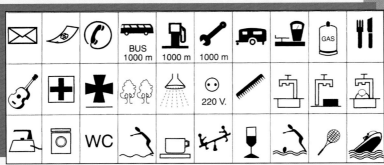

5 Ahora lee la información.

a Indica los símbolos que menciona el folleto.

b ¿Qué otra información hay sobre el camping?

c En el folleto mencionan servicios que no tienen símbolo. Dibuja un símbolo para cada uno.

Camping El Toro Negro

Una elección acertada para pasar sus vacaciones en uno de los más bellos y modernos lugares del Mediterráneo. Camping El Toro Negro pone a su disposición: servicios sanitarios de primera categoría, agua caliente, conexiones eléctricas de 220 V. en los emplazamientos, restaurante, self-service, pizzería, cafetería-bar, supermercado, tienda de souvenirs (periódicos, revistas y libros), peluquería, asistencia médica, cambio de moneda, cajas de depósito de valores, 3 piscinas (una climatizada) y dos para niños, gran clase de deportes acuáticos, incluido el windsurfing, así como una gran zona deportiva con tenis, bádminton y pista polideportiva para: fútbol sala, baloncesto, balonmano. Alquiler de: caravanas, mobile-homes y bungalows. Alojamientos y condiciones especiales para grupos. Zona separada con: servicios sanitarios, snack-bar, piscinas.

Situado en un tranquilo y aislado emplazamiento, a sólo 11 Km. al norte de la ciudad de Barcelona. Junto a la orilla del mar, se extiende a lo largo de una maravillosa playa de ´arena fina ideal para los niños, y donde podrá acampar en un bosque de pinos. Temperatura ideal en primavera y otoño. Clima suave en invierno. Parking de caravanas.

Reglamento del camping El Toro Negro

● La entrada en recepción queda cerrada desde las 21h. hasta las 8 horas.

● Salida del camping: Al terminar sus vacaciones, los campistas deberán salir del camping antes de las 12 h. del mediodía.

● Al camping pueden entrar todos los campistas mayores de 16 años. Los menores de esta edad deben ir acompañados de sus padres o de personas mayores.

● Se respetará el silencio en todo el camping desde las 24 h. hasta las 7.30 de la mañana.

● No se puede entrar al camping en coche o en otros vehículos después de las 24 horas. En caso de llegar más tarde, se puede dejar el coche en el aparcamiento que hay en la entrada.

● Se permite la entrada al camping a los perros, pero éstos deberán estar atados y no molestar a los vecinos.

● Está prohibido hacer fuego de leña o de otro tipo, excepto con bombonas de gas.

● El camping no se hace responsable de las pertenencias de los campistas.

6 🗨 **Haz un diálogo con tu compañero/a.**

Estudiante A: cliente que pregunta por los servicios del camping.
Estudiante B: recepcionista.

7 🗨 **Tú eres el/la recepcionista. Un campista te hace varias preguntas.**
Lee el reglamento y contesta las preguntas con 'se puede' o 'no se puede'.

Ejemplo ¿Se puede tener perros en el camping?
Sí, se puede.

1 ¿Se puede tocar música a las doce y media de la noche?
2 ¿Se puede entrar en recepción a las siete de la mañana?
3 ¿Se puede ir solo al camping a los diecisiete años?
4 Cuando te vas del camping, ¿puedes salir a las 3 de la tarde?
5 ¿Se puede dejar el coche en el aparcamiento de la entrada por la noche?
6 ¿Se puede hacer fuego de leña?
7 ¿Se puede cantar en el camping a las diez de la mañana?

8 Ⓟ **En grupo busca información sobre los distintos campings y otro tipo de alojamiento**
que hay en tu país y escribe un folleto en español para tus amigos/as españoles o
hispanoamericanos. Puedes poner fotos o dibujos, mapas, símbolos, etc.

Aventura Semanal – ¿Sabes?

Campos de trabajo

Una manera de pasar las vacaciones sin tener que pagar alojamiento es ir a un 'Campo de trabajo'.

Se puede ir desde los catorce años, con amigos o con la familia. En estos campos de trabajo podemos ayudar a reconstruir edificios y monumentos que están en mal estado, también se puede ayudar a trabajar el campo, a plantar árboles, a limpiar espacios naturales, a cuidar animales heridos, a conservar la naturaleza. Se puede estar quince días o varios meses.

Se trabaja a cambio de la comida, el alojamiento y, en algunos casos, algo de dinero. Hay campos de trabajo internacionales en los que se puede convivir con personas de otros países. Muchos de ellos están en Latinoamérica y muchos jóvenes van a trabajar allí como voluntarios.

¡Ya sabes!

Se puede: ¿Se puede cenar ahora?
No se puede: No, no se puede cenar ahora.

Preposición por: ¿Cuánto cuesta por noche/ por persona/ por un niño?

Vocabulario del camping: una tienda, una caravana, el fregadero, el lavadero, los servicios, la lavandería.

En serio ...

Autoevaluación

1 **Forma frases. Contesta la pregunta:**
¿Cómo estás al volver al instituto? (9 puntos)

1 contento/a - ver amigos/as - estudiar cosas nuevas.
2 cansado/a - levantarme muy pronto - mucho trabajo
3 triste - aburrido - exámenes.

¡no escribas aquí!

2 **Escribe 4 frases. Empieza con: 'lo bueno es que...' y 'lo malo es que...'** (4 puntos)

3 **Escribe 5 planes para el curso. Completa las frases.** (10 puntos)

1 _____ los deberes.
2 _____ mi cuarto.
3 _____ el programa de trabajo.
4 _____ mis compañeros y profesores.
5 _____ más.

4 **¿Qué hiciste en las vacaciones? Completa las frases.** (12 puntos)

1 playa / hotel / 15 días / 27-7 / avión / padres
2 montaña / autocar / amigos / 1 semana / 15-8 / camping

5 **¿Qué tiempo hizo durante las vacaciones? Mira los símbolos y escribe frases.** (10 puntos)

6 **Mira el itinerario de un viaje turístico y escribe qué hiciste.** (12 puntos)

1 Llegar a Barcelona.
2 Estar en el hotel Reina Sofía.
3 Visitar la ciudad.
4 Ver la catedral.
5 Excursiones a la playa.
6 Comprar regalos.

7 **Describe las fotos de Pepito. ¿Qué está haciendo?** (10 puntos)

8 **¿Cómo se llaman estos objetos que encuentras en la playa?** (8 puntos)

9 **¿Qué hizo Tessa en la playa durante sus vacaciones? Completa las frases. Usa la tercera persona.** (7 puntos)
Ejemplo Tessa nadó en el mar.
Tessa:

1 _____ windsurf.
2 _____ un patín.
3 _____ en una lancha.
4 _____ en un barco de vela.
5 _____ en el mar.
6 _____ refrescos.
7 _____ el sol.

10 **Estás en la recepción de un camping. Escribe lo que quieres.** (8 puntos)

11 **¿Qué hay en el camping? Mira los símbolos. ¿Qué representan?** (10 puntos)

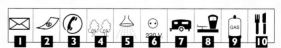

Total =   /100

I Lee estos chistes:

¿Cómo se dice, durmiendo o dormiendo?
Se dice despierto.

2 Lee la historieta: La familia de Mafalda está de vacaciones.

**3 Mira estos campings. ¿Qué está haciendo la gente?
Busca ocho diferencias entre los dos dibujos.**

4 Un viaje de aventura:

Far West Aragón

El objetivo de Far West Aragón es revivir la conquista del oeste americano en tierra española. La aventura discurre por el desierto de Los Monegros y los bosques de los Montes de Alcubierre. El paisaje es único en Europa. En esta zona hay pequeños pueblos, ruinas de castillos y casas abandonadas. Realmente recuerda al oeste americano.

Los participantes que saben montar hacen el viaje a caballo y los que no saben, van en carro. El número máximo de participantes es treinta. Los aventureros salen de "Fort San Mateo" van con el jefe de caravana, el jefe de jinetes, los guías y el cocinero.

Cuando el campamento despierta, el cocinero prepara un desayuno fuerte: café,

huevos fritos, tocino, chorizo, para tener suficiente energía hasta la hora de la comida. Los jefes planean el recorrido: dónde coger agua, los pueblos donde comprar comida y los campamentos. A mediodía la caravana se detiene para comer. Después continúan hasta el campamento que está al final de la etapa. Entonces montan el campamento y el cocinero prepara la cena. La diversión empieza alrededor de las hogueras. La organización proporciona las

tiendas de campaña, colchones, cubiertos y platos. La aventura dura cuatro días.

Contesta Verdad o Mentira:

1 Far West Aragón es un viaje por América.
2 Los participantes van a un desierto.
3 Hay mucha gente en los pueblos.
4 Todos los participantes van a caballo.
5 Empiezan el día con un desayuno grande.
6 Los participantes traen sus propias tiendas.
7 La aventura dura menos de una semana.
8 El campamento 1 está cerca de El Prado.

5 Lee el artículo sobre Tenerife y escribe las frases que corresponden a cada foto.

La isla de Tenerife es la más grande de las islas Canarias. Estas islas están en el Océano Atlántico, muy cerca de la costa de África. El clima es excelente todo el año. Se puede tomar el sol y nadar en el mar en invierno y al mismo tiempo subir a la montaña del Teide y encontrar nieve. El contraste es espectacular: playas doradas, zonas desérticas, paisajes tropicales, montañas nevadas y volcanes.

Los lugares más conocidos por los turistas son las playas de las Américas y la playa de los Cristianos, que son modernos centros turísticos con edificios originales y futuristas. Estas playas son excelentes para practicar el windsurf, la vela y otros deportes marítimos.

Un paraíso para las vacaciones

La capital es Santa Cruz de Tenerife y tiene unos doscientos cincuenta mil habitantes. En ella hay museos, monumentos y un puerto muy importante. Santa Cruz es mundialmente famosa por su extraordinario carnaval que se celebra en febrero.

Otra ciudad muy interesante es el Puerto de la Cruz que es el centro turístico más importante de la isla. Hay playas y piscinas exóticas, como las famosas 'Martiánez'; se puede practicar todo tipo de deportes y ver todo tipo de espectáculos. Hay tiendas de todas clases y gran ambiente en la calle. Hay parques tropicales, como el jardín botánico, grandes plantaciones de plátanos y productos exóticos. También hay un fantástico zoo, llamado 'Loro Parque', que tiene la mayor colección de papagayos del mundo.

Pero uno de los lugares más interesantes es El Teide, la montaña más alta de España. El Teide es también un volcán desde donde se puede ver toda la isla. Hay un funicular para subir al pico de la montaña y un hotel con la piscina más alta de España. En unos minutos se puede pasar de un paisaje tropical a uno de montaña y después a un paisaje lunar y desértico. Este paisaje se llama 'Las Cañadas' y es un espacio de rocas, lava y cráteres. ¡El volcán está dormido, pero no muerto!

Escribe el nombre de...

1 ... las islas en las que está Tenerife.
2 ... el país que está más cerca de Tenerife.
3 ... el volcán.
4 ... las playas más famosas.

5 ... los deportes que puedes practicar en las playas.
6 ... el mes en que celebran el famoso carnaval.
7 ... el espacio que hay cerca del volcán.

¿Qué país es?

● *Hablar de países: decir dónde están, cómo son y cuáles son sus capitales.*

● *Hablar de la situación geográfica: norte, sur, este, oeste.*

● *Preguntar, decir y calcular la distancia entre dos lugares.*

A ¿Cómo es?

Mira el mapa de
América Central y
Sudamérica.
En la página siguiente
tienes algunos países
que la forman, pero
están en diferentes
posiciones. ¿Puedes
situarlos en el lugar
correspondiente?
Escucha a los chicos
y chicas de esta
clase y comprueba.

Nicaragua — A
Uruguay — D
Bolivia — F
Guatemala — G
Chile — E
Venezuela — B
C — Perú
Colombia — H

2 Une las capitales con los países. Ahora escucha a la profesora que pregunta a los/las estudiantes cuáles son las capitales. ¿Sabes cuáles son las capitales de los demás países hispanos?

d Caracas

a Lima

1   Venezuela

2   Nicaragua

3   Perú

4   Uruguay

5   Argentina

6   Bolivia

7   Ecuador

b Buenos Aires

c Quito

e La Paz

f Montevideo

3 Ahora, sin mirar las ciudades, pregunta a tu compañero.

Ejemplo ¿Cuál es la capital de Perú?

Continúa.

g Managua

4 Mira las formas de los países de A1 y descríbelos.
Usa estos adjetivos: largo, ancho, estrecho, pequeño, grande, mediano

Ejemplo Chile es largo y muy estrecho.

B ¿Dónde está?

5 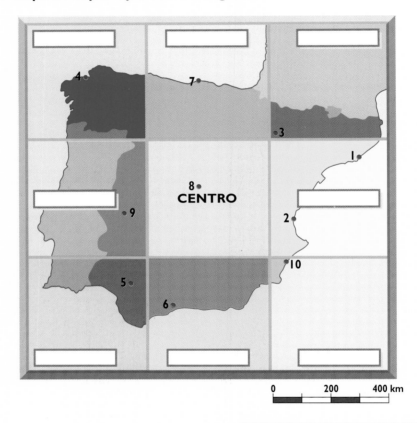 **Escucha al profesor que explica una lección sobre los puntos cardinales.**
Contesta las preguntas:

1 ¿Por dónde sale el sol?
2 ¿Por dónde se pone el sol?
3 ¿Cuáles son los puntos cardinales simples?
4 ¿Cuáles son los puntos cardinales compuestos?

> ## ¡Atención!
>
> **los puntos cardinales simples** = the main points
>   of the compass
> **salir el sol** = sunrise
> **ponerse el sol** = sunset

Mira el mapa de España y coloca los signos:

1 Barcelona
2 Valencia
3 Zaragoza
4 La Coruña
5 Sevilla
6 Málaga
7 Santander
8 Madrid
9 Cáceres
10 Alicante

Este: E
Oeste: O
Norte: N
Sur: S
Noreste: NE
Sureste: SE
Noroeste:NO
Suroeste SO

CENTRO

0   200   400 km

6 a **Mira el mapa anterior y practica:**

Estudiante A: ¿Dónde está Valencia?
Estudiante B: Valencia está en el este.

b **Escribe frases, por ejemplo:**
Madrid está en el centro.

Pronunciación y ortografía

éste es Juan
Juan vive en el este
este pueblo es grande

En las tres frases 'este' se pronuncia
exactamente igual. En la frase: 'éste es Juan',
'éste' lleva acento porque es un pronombre.
Ahora pronuncia: *este / oeste*
              noreste / noroeste
              sureste / suroeste

C ¿A cuántos kilómetros está?

7 **Escucha el diálogo en la oficina de turismo de Zaragoza.**
Escribe las distancias en los letreros:

Barcelona _____ km

Huesca _____ km

Santander _____ km

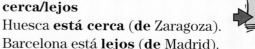

SOS Gramática SOS

Madrid **está en** el centro.
Valencia **está en** el este.
Huelva **está en** el suroeste

172

cerca/lejos
Huesca **está cerca** (**de** Zaragoza).
Barcelona está **lejos** (**de** Madrid).
¿A cuántos kilómetros está Barcelona **de** Madrid?
Está **a** 621 km.
Barcelona está **a** 621 km **de** Madrid.

8 **Practica con tu compañero/a diálogos similares.**
Madrid – Barcelona = 621 km
Madrid – Sevilla = 542 km
La Coruña – Barcelona = 1.109 Km

9 **P En grupo hablad sobre vuestra región o país. Después escribid un folleto con la siguiente información: ¿Cómo es?, ¿Dónde está?, ¿Cuál es la ciudad principal?, ¿Qué otras ciudades importantes hay?, ¿Dónde están?, ¿A cuántos kilómetros están?**

Aventura Semanal – ¿Sabes?

La carretera Pan-Americana.

La carretera Pan-Americana es la carretera más larga del mundo. Desde Alaska, la carretera continúa por Canadá y por Los Estados Unidos. Desde Laredo, en el estado de Texas sigue hasta Panamá en Centroamérica. Desde Panamá hasta Barranquilla, una ciudad en el noroeste de Colombia, hay 160 kilómetros de carretera sin terminar.

Se puede viajar en barco o con el coche, para continuar el viaje desde Barranquilla. La carretera sigue por la costa del oeste hasta Santiago de Chile y cruza las montañas de los Andes hasta Buenos Aires, la capital de Argentina. Desde Buenos Aires la carretera sube la costa del este por Montevideo, en Uruguay, hasta Río de Janeiro. Hay muchas rutas más por Paraguay, Bolivia, Perú y Venezuela. En el futuro la carretera se extenderá hasta Tierra del Fuego en el sur de Argentina.

¡Ya sabes!

Nombres de países.
Los puntos cardinales: norte, sur, este, oeste, noreste, noroeste, sureste, suroeste
Está en el este.
Está cerca / lejos (de Barcelona).
¿A cuántos kilómetros está Barcelona de Madrid?
Barcelona está a 621 kilómetros de Madrid.

¿Dónde vivimos?

● *Hablar de los tipos de climas.*

● *Decir qué hay en un país y cómo es su paisaje.*

● *Hablar del clima y sus problemas.*

A Así es mi país

Une los nombres con el dibujo correspondiente.
Después escucha y comprueba.

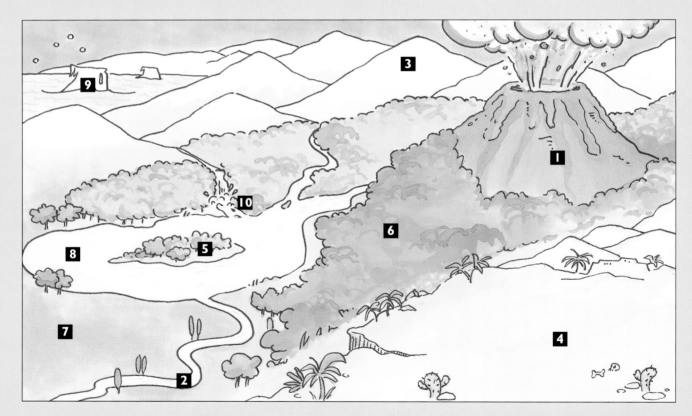

a una montaña	d un lago	g una llanura	j una isla
b una catarata	e un iceberg	h un volcán	
c una selva	f un río	i un desierto	

2 **Haz el test de conocimientos sobre Latinoamérica. Marca la respuesta correcta.**

Test

1 ¿Dónde está el 'Volcán de Agua'?
a México
b Guatemala
c Argentina

2 ¿Cuál es el río más grande del mundo?
a Magdalena
b Orinoco
c Amazonas

3 ¿Cómo se llaman las montañas que hay en el oeste de Sudamérica?
a Alpes
b Andes
c Rocosas

4 ¿Dónde hay un desierto?
a Chile
b Uruguay
c Venezuela

5 ¿Cuál es la isla más grande del Caribe?
a Puerto Rico
b Jamaica
c Cuba

6 ¿Dónde hay una selva?
a Argentina
b Colombia
c España

7 ¿Dónde está la gran llanura que se llama 'La Pampa'?
a Ecuador
b Chile
c Argentina

8 El lago Titicaca es el más grande del mundo, ¿Sabes dónde está?
a Bolivia
b Paraguay
c Honduras

9 ¿Dónde hay icebergs?
a En el sur de Paraguay
b en el sur de México
c en el sur de Chile

10 ¿Dónde está la catarata más alta del mundo?
a Panamá
b Costa Rica
c Venezuela

3 **La profesora hace las preguntas a los estudiantes sobre Latinoamérica. Escucha y comprueba si tus respuestas al test anterior son correctas.**

4 **a Habla con tu compañero/a del tema.**

Estudiante A: ¿Dónde está el río Amazonas?
Estudiante B: Está en Brasil.

Cambiad.

 b Ahora escribe una redacción sobre el tema con la información que tienes.

B El clima

5 **Escucha al profesor que habla de los diferentes tipos de climas que hay en el mundo.**
 1 **Márcalos en el orden en que los menciona.**
 2 **Ahora mira el mapa y di qué color representa qué clima.**

Ejemplo El color amarillo representa el clima desértico.

6 **Lee y escucha las frases del tiempo. Adivina qué clima es por el color.**
 Habla y/o escribe: ¿Qué clima o climas hay en tu país?

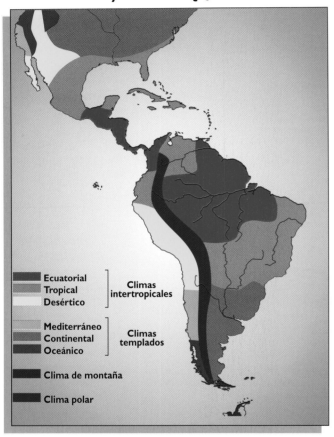

Ecuatorial
Tropical — Climas intertropicales
Desértico

Mediterráneo
Continental — Climas templados
Oceánico

Clima de montaña

Clima polar

1 Hace muchísimo frío siempre.

2 El tiempo es fresco en invierno, pero no hace frío. Y en verano no es muy diferente, pero es un poco más templado. Llueve mucho.

3 Hace mucho frío en invierno y calor en verano. Llueve muy poco.

4 En verano hace bastante calor y el invierno es templado. No llueve mucho.

5 Hace muchísimo calor en verano. En el invierno hace calor, pero menos. Durante el día hace calor y por la noche frío.

6 Hace calor todo el año, pero un poco más en verano. Hay una estación de lluvias, que es el verano y una estación seca, que corresponde al invierno.

7 Hace calor y llueve todo el año. No hay una estación seca.

8 Hace frío en invierno y fresco en verano. Llueve mucho y en las partes más altas nieva.

C Los problemas del clima

7 **A causa de los cambios de clima hay muchos problemas en el mundo. Une los dibujos con sus nombres. Escucha y comprueba.**

b las fuertes lluvias
a la ola de calor
d la ola de frío

c la inundación

e la sequía

Hubo = there was/ there were: Hubo una tormenta/hubo inundaciones en 1995. Es el pretérito indefinido de **haber** (en la forma: hay).

 175

8 📖 **El año 1995 fue un año terrible a causa de los cambios climáticos.**
Lee el mapa y escribe qué catástrofes hubo en 1995 en los diferentes países.

Ejemplo Estados Unidos: En el suroeste, California, hubo fuertes lluvias e inundaciones.

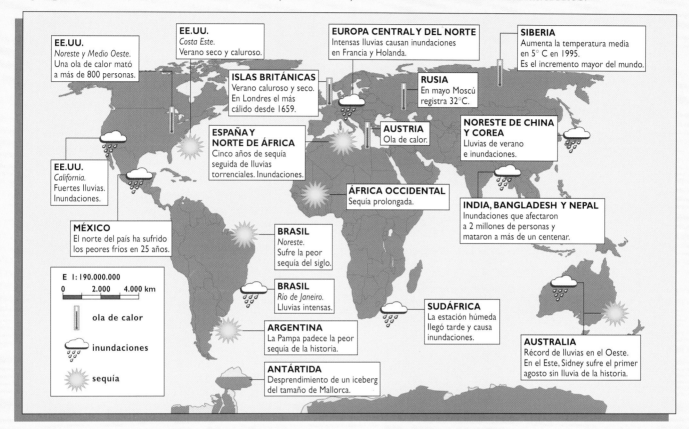

Después contesta:

1 ¿Qué problema es el que aparece más veces?
2 ¿En qué países hubo sequía?

3 ¿En qué país hubo muchos muertos a causa de temperaturas muy altas?
4 ¿Y a causa del agua?

9 Ⓟ **Describid cómo es vuestro país (o un país que os interesa): el relieve, el paisaje, los ríos, el clima, etc. Preparad un folleto turístico con fotos, mapas, y dibujos.**

Aventura Semanal

Toda América yo vi
En el invierno hace frío.
En verano hace calor.
En el otoño hace viento.
En primavera hace sol.

La canción

¡Ya sabes!

Vocabulario del paisaje: una catarata, un volcán, una llanura, una selva, un desierto, un lago.
Vocabulario del clima: la ola de calor, las fuertes lluvias, la inundación, la ola de frío, la sequía.
Hubo: Hubo sequía, hubo inundaciones.

8

Haciendo turismo

- **Describir un pueblo o ciudad.**
- **Hablar del estado en que se encuentra un lugar.**
- **Decir cómo está algo.**

A ¿Quieres venir a mi pueblo?

Escucha el diálogo entre Jaime y una amiga que quiere visitar su pueblo.

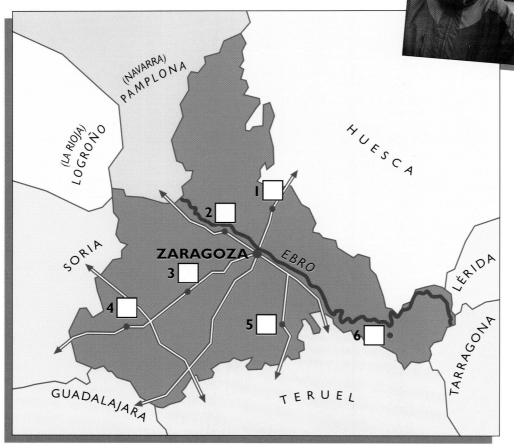

1 Mira el mapa y señala el punto donde está.

2 ¿Está cerca o lejos de Zaragoza?

3 ¿A cuántos kilómetros está?

4 ¿Cómo puedes ir?

2 Escucha la segunda parte de la conversación.
  a Mira las fotos y di qué pueblo es.

  b ¿Qué hay en el pueblo? Marca los dibujos que menciona.

3 **a** Haz el diálogo con tu compañero/a Usa las fotos y dibujos anteriores.

Estudiante A es Jaime
Estudiante B es la amiga/el amigo

  b Describe tu pueblo o ciudad. Escribe y habla con tu compañero/a.

B ¿Está abierto?

4 🎞 Lee y escucha.

1

a La botella **está** vacía.

b María llena la botella.

c Ahora la botella **está** llena.

2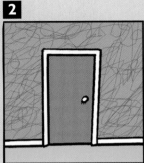

a La puerta **está** cerrada.

b Juan abre la puerta.

c Ahora la puerta **está** abierta.

3

a La luz **está** encendida.

b El señor Pérez apaga la luz.

c Ahora la luz **está** apagada.

4

a El jarrón **está** entero.

b Luisito rompe el jarrón.

c Ahora el jarrón **está** roto.

Pronunciación y ortografía

Escucha la diferencia entre **ésta**, **esta** y **está**.
Ésta, con acento en la e, es un pronombre: ésta es mi hermana.
Esta sin acento es un adjetivo: Esta chica es mi amiga.
Está, con acento en la a, es la tercera persona del verbo estar:
Mi hermana está cansada.
Escucha y repite:
Esta chica está cansada.
Ésta está enferma.
Esta mesa está limpia, ésta está sucia.

ser / estar + adjetivo calificativo:
es grande /está limpio
ser = indica algo permanente:
La botella es grande.
estar = indica cambio (anterior o posterior):
La botella está vacía.

➡ **178**

5 **La madre de Juan limpia siempre el salón, pero Juan y sus amigos pasan la tarde allí. ¿Cómo está la habitación después?**
Con tu compañero/a encuentra las diferencias entre los dos dibujos. Hay 16 diferencias.

¡Atención!

entero = not broken
roto = broken
encendido = switched on
apagado = switched off
vacío = empty
destruido = destroyed
antiguo = old

Escribe la descripción de la habitación número dos.

Ejemplo 'La televisión está encendida'.

6 **Y tu habitación, ¿cómo está? Habla con tu compañero/a y escribe frases.**

C Una visita turística

7 Jaime trabaja en las vacaciones como guía turístico de su pueblo. Hoy hay turistas. Jaime habla del pueblo viejo. Antes de escuchar escribe 'es' o 'está' con la palabra correcta. Escucha y comprueba.

> grande bonito abandonado vacío limpio destruido interesante abierta

8 Jaime nos lleva a visitar el pueblo viejo. Une la descripción de cada lugar con la foto correspondiente. ¿En qué siglo se construyeron los monumentos?

9 Un poco de historia. Lee el texto sobre la guerra civil española. Di si las frases siguientes son verdaderas o falsas.

1 La guerra empezó en 1939.
2 Franco luchó contra el gobierno legal.
3 Hitler ayudó a Franco.
4 Franco usó armas españolas solamente.
5 Aviones alemanes bombardearon Guernica.
6 Guernica es una ciudad vasca.
7 Los militares ganaron la guerra.
8 Franco ayudó a Hitler en la segunda guerra mundial.
9 Muchos españoles fueron refugiados a otros países.
10 Franco murió en 1939.

¡Atención!

la guerra = the war
el siglo = the century
bombardear = to bomb
morir (murieron) = to die (they died)
los heridos = wounded
ganar = to win
huérfano = orphan
el quinqué = oil lamp

La Guerra Civil Española (1936-39)

La guerra civil española empezó en el año 1936 y terminó en 1939. Un grupo de militares, de ideas fascistas, con el general Franco como jefe, atacó al gobierno legal republicano y demócrata. Los españoles se dividieron y unos apoyaron a Franco y otros al gobierno legal. Hubo muchas batallas terribles, como la batalla del Ebro y la batalla de Belchite. Muchos pueblos fueron destruidos. Hitler ayudó a los militares y éstos usaron armas y aviones alemanes. Con estos aviones bombardearon y destruyeron la ciudad vasca de Guernica, símbolo de la libertad del pueblo vasco. Durante la guerra murieron más de un millón de personas y hubo muchos heridos. Los militares ganaron la guerra. Después ayudaron a Hitler en la segunda guerra mundial.

Muchos españoles fueron a vivir como refugiados a México, Francia y otros países.

Franco fue dictador de España durante cuarenta años. Murió el 20 de noviembre de 1975. Durante esos años no hubo democracia en España. Muchos escritores, pintores, artistas y científicos fueron a vivir al extranjero también para poder trabajar en libertad.

10 **Preparad una visita turística de vuestra ciudad o de una ciudad que os gusta. Haced un folleto con los itinerarios, y fotos. Grabad la información en un casette para los turistas españoles que van a visitarla. ¿Sabéis un poco de historia de vuestro pueblo o ciudad?**

Aventura Semanal – ¿Sabes?

El Guernica

Mira el cuadro antes de leer el texto. Descríbelo: ¿Qué piensas de él? ¿Qué te sugiere?

Este cuadro, que es el símbolo contra la guerra más importante y famoso de nuestro tiempo, lo pintó Picasso en 1937,

durante la guerra civil española, por encargo del gobierno republicano de España.

La única condición fue que el cuadro tenía que ser muy grande. Picasso lo pintó con tres colores: blanco, negro y gris. El cuadro tiene unos símbolos muy fuertes que causan una gran emoción. La flor y la mujer que lleva el quinqué expresan esperanza, la paloma simboliza la paz, la mujer con el hijo muerto en brazos representa el dolor y el toro la muerte.

Esta es una obra que condena la guerra y la violencia.

¿Ves los símbolos?

¡Ya sabes!

Ser y estar + adjetivo calificativo: es grande / está limpio
Palabras para la descripción (adjetivos): vacío, lleno, limpio, etc.
Vocabulario de la guerra: la guerra, bombardear, los heridos.

9

¿Pueblo o ciudad?

O B J E T I V O S

- **Hablar de las ventajas y desventajas de vivir en un pueblo o en una ciudad.**

- **Hablar de cómo son nuestros vecinos.**

- **Realizar un estudio de la zona donde vives: servicios, tráfico, problemas, facilidades para discapacitados.**

A ¿Te gusta tu ciudad?

1 Habla con tu compañero/a. Decide qué ventajas y desventajas tiene vivir en un pueblo y en una ciudad.

	Ventajas	Desventajas
Pueblo		
Ciudad		

2 Escucha a Jaime y a Tatiana. Los dos viven en el mismo pueblo. Completa el cuadro para cada uno.

Jaime

Tatiana

Ahora mira tu lista de ventajas y desventajas: ¿Con quién estás de acuerdo?

	Jaime	Tatiana
Descripción del pueblo		
Descripción de la gente		
Su opinión sobre el pueblo		
¿Dónde les gustaría vivir?		
¿Por qué?		

¡no escribas aquí!

¡Atención!

la fábrica = factory
(una persona) cotilla (adj) = a gossip
la vid = vine
la ganadería = livestock
la oveja = sheep
el cerdo = pig
la vaca = cow

acostumbrado/a a = accustomed to, used to
me pierdo (perderse) = I get lost
los humos = fumes
la contaminación = pollution
el ruido = noise

3 **Lee las cartas que Leticia y Goreti escriben sobre sus ciudades: Zaragoza y Vitoria. ¿Qué diferencias hay entre las dos ciudades?**

Querida Amiga:
Mi ciudad se llama Zaragoza, tiene casi un millón de habitantes y hay gente de todas clases. La gente en general es simpática. No llueve casi nada, hay pocos árboles y los parques están secos. Hay muchos edificios altos y muy pocas casas. La gente trabaja en oficinas y en la industria. Hay fábricas muy importantes, como General Motors que es una fábrica de coches. Me gusta Zaragoza porque no es ni muy grande ni muy pequeña, y tiene todo lo que necesitas, tiendas, cines, bares, institutos, universidad, etc. Es una ciudad agradable y te puedes divertir mucho.
Hasta pronto.
Leticia.

Querido amigo:
Yo soy de Vitoria, una ciudad de unas doscientas cincuenta mil personas que está en el País Vasco, en el sur. Es la capital del País Vasco. Es pequeña y muy tranquila también y es muy bonita. Tiene muchos parques y bosques. Los edificios no son muy altos. Es todo muy verde porque casi siempre está lloviendo. Vitoria está rodeada de montañas. Aunque vivo en el centro, desde mi balcón veo las montañas alrededor. El centro de la ciudad está muy cerca del campo porque es pequeño. Hay bastante industria y muchas tiendas y oficinas.
La gente es simpática y me gusta vivir allí, pero me gustaría ir a estudiar a una ciudad más grande.
Un abrazo, Goreti.

4 **Trabajad en grupos de tres. Discutid el tema.**

Estudiante A: prefiere un pueblo pequeño
Estudiante B: prefiere una ciudad pequeña
Estudiante C: prefiere una ciudad grande

Escribe una carta sobre tu ciudad.

- **Me gustaría** / te gustaría / le gustaría
  nos gustaría / os gustaría / les gustaría
  ¿Dónde te gustaría vivir?
  Me gustaría vivir en un pueblo.

- Demasiado ruido / demasiada contaminación.
  Demasiados coches / demasiadas fábricas.

- Usted + 3ª persona singular de los verbos:
  ¿De dónde es usted?
  ¿Cuántos años tiene (usted)?

- La gente es muy simpática.

177

B Entrevista con el alcalde

5 **Una emisora de radio entrevista a varias personas sobre lo que les gustaría tener en su ciudad o pueblo. Escucha y pon los dibujos en orden.**

Escucha otra vez y di si la frase es para un pueblo, o para una ciudad más grande, o para los dos.

9 ¿Pueblo o ciudad?

6 ¿Y tú? Encuesta en la clase. Pregunta a tus compañeros/as: ¿Qué te gustaría tener en tu ciudad o pueblo?

7 Escucha la entrevista con el alcalde. ¿Qué le gustaría hacer en su pueblo?

C Una ciudad mejor

8 Mira el dibujo de la ciudad. Descríbela. Encuentra estas cosas:

1 el semáforo
2 el paso de cebra.
3 la silla de ruedas.
4 la rampa
5 la escalera
6 el tráfico
7 la acera

9 Dos grupos de estudiantes hicieron un estudio de su ciudad para la clase.

El grupo A hizo un estudio de los parques, plazas y espacios verdes de la ciudad.
El grupo B hizo un estudio del tráfico y el transporte urbano.

Sus notas están mezcladas. Pon las notas que corresponden a cada grupo y divide los puntos de cada informe en positivos y negativos.

	Puntos positivos	Puntos negativos
Informe del grupo A		
Informe del grupo B		

¡no escribas aquí!

Notas para los informes de los grupos A y B:

1 Muchas plantas y árboles están secos porque no hay agua.
2 Hay muchos semáforos.
3 Hay pocas rampas para las sillas de ruedas.
4 Los autobuses tienen aire acondicionado ecológico.
5 Los autobuses están adaptados para las sillas de ruedas.
6 Hay muchos bancos en las plazas y parques.
7 Hay mucho tráfico, ruido y contaminación.
8 Muchos bancos están rotos.
9 Hay muchas plazas en el centro.
10 Los parques grandes están limpios.
11 Los autobuses son baratos y frecuentes.
12 No hay zonas verdes en los barrios.
13 Hay muchas escaleras y obstáculos.
14 Hay semáforos que hablan para los ciegos.
15 Las aceras están sucias y rotas.
16 No hay muchos pasos de cebra y los coches no paran en los pasos de cebra.

 Ahora los estudiantes hacen una presentación para la clase. Escucha y comprueba. Después escribe un informe tú sobre la ciudad de estos estudiantes.

10 **En grupos haced un estudio y preparad un informe sobre vuestra ciudad o una ciudad que os gusta. Escribid sobre los siguientes temas:**

1 Los parques, plazas y zonas verdes de la ciudad.
2 El tráfico y el transporte urbano.

Aventura Semanal – ¿Sabes?

La naturaleza acorralada

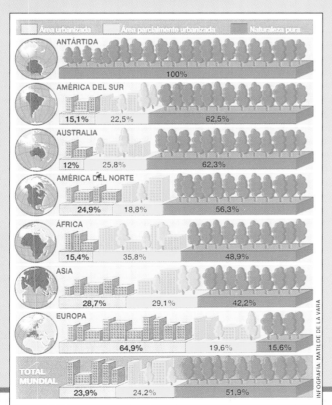

A causa del aumento de la población humana, las estinciones de especies avanzan a un ritmo 50 veces más rápido de lo normal, y los espacios naturales son cada vez menores, según un informe de la ONU. Aunque la Antártida aún no está urbanizada, otros lugares, como el continente europeo, sólo disponen de un 15 por 100 de espacios naturales.

¡Ya sabes!

¿Dónde te gustaría vivir? Me gustaría vivir en un pueblo.
Le / nos / os / les gustaría tener más parques.
Hay demasiado ruido, demasiada contaminación, demasiados coches, demasiadas fábricas.
Usted: ¿Cómo se llama usted?, ¿De dónde es usted?, ¿Cuántos años tiene (usted)?
Vocabulario sobre la ciudad y el pueblo: el tráfico, la acera, el paso de cebra, la contaminación, la fábrica, la ganadería, la vid.

LECCIÓN

10

Un lugar especial

OBJETIVOS

● *Hablar de cómo serán las ciudades en el futuro.*

● *Hablar del espacio.*

● *Contar una historia 'espacial' y 'especial'.*

A ¿Habrá futuro?

1 Escucha a Tessa, Jaime y Tatiana que hablan de la ciudad del futuro. Une cada dibujo con la descripción correspondiente.

2 Habla con tu compañero/a. Elige un dibujo para decir cómo será la ciudad del futuro. Si quieres di, o escribe, tu propia opinión.

• **Futuros irregulares:**
tendremos, harán, vendrán
Habrá: = there will be. Es el futuro de 'hay'.
Habrá + singular y plural: habrá vida; habrá coches voladores.
Se podrá = one will be able to (we'll be able to...): Se podrá viajar rápidamente.

→ **177**

• **Expresar opinión:** Yo pienso que...; Imagino que...

→ **179**

¡Atención!

plateado = silver-plated
los coches voladores = flying cars
unas autopistas = motorways
la velocidad = speed
al paso que llevamos = at this rate
la tierra = the earth
unos extraterrestres = extra-terrestrials
repoblarán = they will re-populate
el OVNI (Objeto Volador No Identificado) = UFO
el espacio = space
espacial = from space
infierno = hell
paraíso = paradise

B La ciudad especial y espacial

3 **Mira este dibujo del espacio. Escucha los nombres. Une las palabras con los dibujos.**

1 el planeta
2 la luna
3 la estrella
4 el sol
5 el cohete
6 el astronauta
7 el OVNI

Pronunciación y ortografía

En las palabras: *alguien, seguimos, guerra, guitarra, guía*, se escribe u entre la *g* y *e / i*, pero no se pronuncia.
Repite: alguien, seguimos, guerra, guitarra, guía.
Hay algunas palabras en las que se pronuncia la u, en este caso se ponen dos puntos sobre la u, que se llaman diéresis: ü.
Ejemplos: pingüino, lingüística

4 **Dos astronautas, Ángel y Gloria, subieron al espacio. Lee su aventura.**
Las frases están en desorden. Ponlas en el mismo orden que los dibujos.

a ¡Atención! ¡Atención! llegamos a un planeta extraño. ¡Oh, no! ¡Chocamos! ¡Aaahhh!

g ¿Ves algo? / No, no veo nada

b ¿Hay alguien? / No, no hay nadie

h Es un ser extraño, es un extraterrestre. ¡Está muerto!

c ¡Ufff! Estamos bien. Estamos en un planeta extraño. Todo está oscuro. Todo está vacío.

i Atención, diez, nueve, ocho, siete, seis, cinco, cuatro, tres, dos, uno, cero. Bip, bip bip.

d Hay pájaros, pero están muertos, Hay árboles, pero están secos.

j Un momento, un momento. Veo algo, veo algo allí.¡Oh! ¡Es una ciudad!, pero está destruida, está vacía.

e El cohete sube sin problemas.

k Pero, ¿qué es esto? ¡Ahhh! El extraterrestre está vivo, está vivo, se levanta... Viene hacia mí...

f ¡OOOOOOoooooh ¡Esto es fantástico! Vemos la luna, las estrellas, los planetas.

l ¡Aquí! ¡Aquí hay alguien!

 Escucha la historia y comprueba.

5 **a** **¿Cómo termina la historia? Inventa el final con tus compañeros.**
  b **Escribe la historia completa, usando sólo los dibujos.**

algo/nada
alguien/ nadie
todo
aquí/ allí ➡ **171**

C ¿Infierno o paraíso?

6 Lee este artículo de una revista científica sobre las ciudades del futuro.

1 El artículo presenta tres opiniones: ¿Cuáles son?
2 ¿Cuál es la más pesimista?
3 ¿Cuál es la más optimista?

4 ¿Cuál es la más irreal?
5 ¿Cuál es la más posible?
6 ¿Hay algo que está ocurriendo ahora?

CIUDADES DEL FUTURO:
¿Infierno o paraíso?

Las ciudades crecen sin parar. Hay varias opiniones, a veces opuestas, sobre cómo viviremos en el futuro. Si seguimos así, para el año 2050 el 80% de la población mundial vivirá en enormes ciudades. Hay diferentes teorías sobre cómo serán.

Unos opinan que en estas ciudades no habrá tráfico en el centro, sólo zonas peatonales. Las ciudades estarán formadas por barrios rodeados de parques y campos verdes... No habrá policía ni problemas de drogas. Todos viviremos en paz con nuestros vecinos. Las casas serán ecológicas e 'inteligentes', es decir que todo estará dirigido por ordenadores. No saldremos de casa para trabajar ni para divertirnos, todo ocurrirá en el ciberespacio.

Otra teoría es que millones de personas vivirán en barrios muy pobres de la periferia. La pobreza, la contaminación, y la violencia aumentarán sin control y el caos será terrible. Los ricos construirán ciudades amuralladas electrónicamente para protegerse de los pobres. Las ciudades serán infiernos descontrolados, y sus habitantes formarán grupos de guerreros violentos que lucharán unos con otros.

Otros piensan que la única solución serán ciudades aéreas, subterráneas, o espaciales. Estas ciudades tendrán un clima controlado y zonas verdes artificiales, pero estarán aisladas del exterior.

Es difícil saber cómo serán las ciudades del futuro, pero existen ya muchos proyectos que pueden ser realidad muy pronto. El año 2050 está cerca.

---

7 Trabajad en grupos. Cada uno toma una opinión y la explica a los otros.

8 Ⓟ En grupos escribid historias de ciencia ficción, si es posible con dibujos como un cómic.

Aventura Semanal

Canta 'La canción de los Planetas'
Mercurio, Venus, La Tierra, Marte
se unieron todos para mirarte.
Júpiter, Saturno,
dioses de turno.
Urano, Neptuno,
me falta uno.
Muy lejos del sol, se llama Plutón.

La canción

¡Ya sabes!

Futuros irregulares: tendremos, harán, vendrán.
Habrá: habrá vida; habrá coches voladores.
Se podrá: Se podrá viajar rápidamente.
Expresar opinión: Yo pienso que...; Imagino que...
algo/nada: ¿Ves algo? No veo nada.
alguien/ nadie: ¿Ves a alguien? No veo a nadie
todo, aquí, allí.

En serio ...

Autoevaluación

I Escribe los puntos cardinales.
(8 puntos)

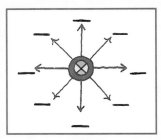

2 Completa las frases:
(5 puntos)

larga, pequeña, estrecha, ancha, grande
1 La mesa es _____ y _____.
2 La mesa es _____ y _____.
3 La mesa es _____.

3 Mira las distancias y escribe frases.
(9 puntos)

Valencia [626 kms] Bilbao.
Madrid [621 kms] Barcelona.
Sevilla [864 kms] Zaragoza.

1 Valencia _____ __ _____ de Bilbao.
2 Madrid _____ __ _____ de Barcelona.
3 Sevilla _____ __ _____ de Zaragoza.

4 Contesta las preguntas con estas palabras:
(10 puntos)
un volcán, una selva, un desierto, un iceberg, una catarata
1 No tiene agua.
2 Tiene muchos árboles.
3 Tiene fuego (quema).
4 Cae agua.
5 Tiene mucho hielo.

5 Escribe las estaciones en España.
(8 puntos)
1 marzo, abril y mayo =
2 junio, julio y agosto =
3 diciembre, enero y febrero =
4 septiembre, octubre y noviembre =

6 ¿Ser o estar? Escribe.
(14 puntos)
1 El pueblo _____ muy bonito.
2 Las calles _____ limpias.
3 La casa _____ vacía.
4 El museo _____ muy interesante.
5 Las casas _____ grandes.
6 La mesa _____ sucia.
7 El pueblo _____ agradable.

7 Escribe frases con "estar".
(10 puntos)
1 La botella _____ _____.
2 El jarrón _____ _____.
3 La luz _____ _____.
4 La puerta _____ _____.
5 El café _____ _____.

8 Escribe cinco frases sobre tu pueblo o ciudad y sus habitantes.
(10 puntos)

9 Escribe cinco cosas que te gustaría tener en tu pueblo o tu ciudad.
(10 puntos)

10 Escribe cuatro cosas que habrá en la ciudad del futuro.
(8 puntos)

II Completa las frases con estos verbos en futuro.
(8 puntos)
estar, llevar, tener, ir
1 _____ ropa espacial.
2 Los coches _____ muy rápidos.
3 _____ que vivir debajo de la tierra.
4 Las calles _____ muy sucias.

Total =   /100

... y en broma

1 Lee la historieta de Mafalda.

2 ¿Puedes decir este trabalenguas?

El cielo está enladrillado,
¿quién lo desenladrillará?
el desenladrillador que lo desenladrille,
buen desenladrillador será.

3 Y ahora canta. Pero primero pon estas palabras en su lugar correspondiente:

Los gases y los humos
la contaminación
ponen todo perdido
no tienen _____

No tenemos futuro
¿qué podemos hacer?
este mundo es muy _____
va a _____

Infierno o paraíso
será mi _____
dentro de pocos años
desaparecerá.

Si quieres conservarla,
por si acaso,
tienes que_____,
hazme caso.

desaparecer

ciudad

solución

cuidarla

duro

de verdad

4 **Adivina, adivinanza. Lee estas adivinanzas sobre el mundo que nos rodea. Une los textos con los dibujos.**

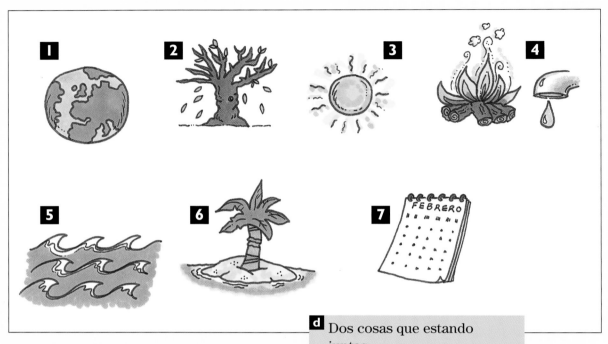

d Dos cosas que estando juntas,
pelean hasta morir,
pero ambas necesitamos
si es que queremos vivir.

a ¿Qué cosa es, qué cosa es
que te da en la cara
y tú no lo ves?

b Soy una bola muy grande
que gira constantemente
y que desea saber
dónde meter tanta gente.
Si ya sabes quien soy yo
eres muy inteligente.

e Sólo por cielo y por mar
hasta mí podrás llegar.

f Aquí estamos doce
hermanos;
yo que el segundo nací,
soy el menor entre todos:
¿cómo puede ser así?

c En mí se mueren los ríos
y por mi los barcos van
muy breve es el nombre
mío:
Tres letras tiene, no más.

g Ya se fue el verano
y ahora este otro llega;
como lluvia de oro
caen las hojas secas.

5 Une cada foto con el texto correspondiente.

1 Las Pampas son enormes llanuras, sin árboles. Ocupan gran parte de Argentina y van desde la costa del Atlántico hasta los Andes.

2 La cordillera de los Andes es uno de los sistemas montañosos más grandes del mundo y está paralela al Pacífico. La capital de Chile, Santiago de Chile está muy cerca.

3 El río Amazonas recorre Brasil, Perú, Ecuador, Bolivia y Venezuela. En total: 6.275 kilómetros.

4 La catarata de 'La caída del Angel' mide 979 metros. La descubrió el aviador norteamericano James C. Angel en 1935. Está en Venezuela.

5 El lago Titicaca es el lago navegable más grande del mundo. Mide 177 km x 56 km. Está en Bolivia.

de verdad

6 **Lee los dos artículos sobre el tema de la ciudad y sus barreras para los discapacitados. Contesta las preguntas.**

1 ¿Cómo reaccionan las personas entrevistadas sobre el problema de las barreras en la ciudad?
2 ¿Con qué comparan la ciudad?
3 ¿Cuántos edificios presentan problemas?
4 ¿Qué tipo de problemas hay?

5 ¿Qué están haciendo las autoridades para solucionar los problemas?
6 ¿Qué aspectos positivos hay?
7 ¿En qué fecha empezaron a circular los autobuses especiales?
8 ¿Cómo son los autobuses por dentro?
9 ¿Cómo son los precios?

Misión imposible

Nuestra ciudad tiene obstáculos por todas partes. Cerca de veinte edificios públicos no están adaptados para discapacitados. Sólo hay escaleras, no hay rampas ni ascensores y tampoco hay servicios adaptados.

Varias personas nos hablan con sentido del humor y ríen de sus dificultades para circular por la ciudad, pero detrás de las bromas se esconde un serio problema. Estos son algunos de sus comentarios:

• 'Ir por la ciudad es más divertido que el parque de atracciones', dicen con humor.

• 'No necesitamos Port Aventura, tenemos la montaña rusa en la ciudad'.
• 'A veces las rampas que hay son muy peligrosas'.
• 'Moverse por la ciudad es como una misión imposible'.

Desde hace unos años se están haciendo esfuerzos por dar soluciones y quitar las barreras físicas. Hay nuevos proyectos y más dinero. Pero también es necesario eliminar las barreras sociales y psicológicas hacia los discapacitados.

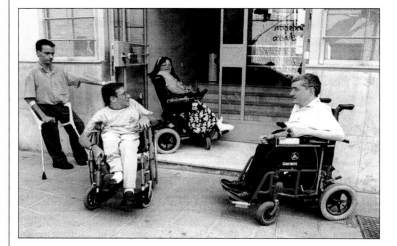

de verdad

AUTOBUSES URBANOS

El servicio de autobuses para personas con movilidad reducida se inició en la ciudad de Zaragoza el 1 de julio de 1987. Zaragoza fue la primera ciudad europea con autobuses especiales de este tipo. Por esta razón más de 170.000 personas que no pueden andar, pueden trasladarse fácilmente por la ciudad usando el servicio público. Se tiene acceso a los autobuses a través de una plataforma plana, sin escalones ni rampas. Las puertas y el espacio interior son muy anchos y cómodos.

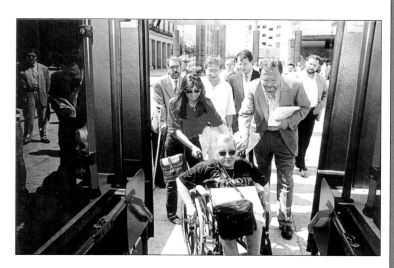

El aire acondicionado ecológico es cómodo y agradable, y respeta el medio ambiente. Además los precios son baratos y el servicio rápido y eficiente. ¿Qué más podemos pedir?

---

7 Debate en grupo. Usa la información de los artículos. Dos estudiantes son representantes de los discapacitados y presentan sus problemas. Otros dos estudiantes son representantes del ayuntamiento y explican lo que están haciendo para solucionar los problemas.

8 Observa en tu ciudad, barrio o instituto, los obstáculos para personas que no oyen, que no ven, que no pueden andar o moverse, personas mayores, personas enfermas. Escribe una lista de lugares y problemas. ¿Puedes pensar en alguna solución?

Piensa en: edificios, calles, cruces y pasos de peatones, institutos, tiendas, autobuses, metros, y otros tipos de transporte.

11 Vamos al Polideportivo

OBJETIVOS

- **Hacerse miembro de un club deportivo.**
- **Planificar actividades deportivas.**
- **Decir cuánto tiempo hace que haces algo.**
- **Reservar un lugar para hacer un deporte.**
- **Presentaciones.**

A Quiero hacerme socio

1 Sergio va a hacerse socio de un club deportivo. ¿Qué preguntas crees que le hace la recepcionista del club para rellenar la ficha? Decide con tu compañero/a.

STADIUM DELICIAS

R- Aprobado en J. R. de ....
Número de Registro ....

SOLICITUD SOCIO DE NUMERO

D. .... con domicilio en calle ....

número .... piso .... Natural de .... Fecha de nacimiento .... de .... de ....

Estado .... Profesión .... (indicar centro estudios, organismo o empresa

donde trabaja) .... Hijo de .... profesión ....

y de .... profesión .... domiciliados en ....

¡no escribas aquí!

2  Escucha el diálogo. ¿Coinciden tus preguntas con las de la recepcionista?

3 Haz el diálogo con tu compañero/a. Completad la ficha con vuestros datos.

4 **El entrenador enseña a Sergio las instalaciones deportivas del club. Mira los dibujos y di qué deportes simbolizan. Pon los dibujos en el orden en que los menciona el entrenador.**

¡Atención!

el entrenador = sports trainer, coach
la instalación deportiva = sports facility
el vestuario = changing room
la cancha = basketball court
la pista (de tenis) = tennis court
medir (¿cuánto mides?) = to measure (how tall are you?)
pesar (¿cuánto pesas?) = to weigh (how much do you weigh?)

5 **El entrenador hace unas preguntas a Sergio sobre los deportes que le interesan y su condición física. ¿Qué contesta Sergio?**

6 **Ahora tú eres el entrenador/la entrenadora. Haz preguntas a tu compañero/a.**

B ¡Mucho gusto!

7 **Sergio y el entrenador, David, van a la cafetería. Allí encuentran a Tessa. El entrenador los presenta. Completa el diálogo. Escucha y comprueba.**

David: Mira, Sergio, ésta ____ la cafetería. ¡Hombre! Aquí ____ Tessa. Hola Tessa.

Tessa: Hola, David. ¿Qué ____?

David: Muy ____, ¿y tú?

Tessa: Bien, gracias.

David: Mira, Sergio, te presento a Tessa. Tessa ____ casi todos los días al club.

Tessa, éste ____ Sergio, ____ nuevo en el club.

Sergio: Mucho gusto, Tessa.

Tessa: ¿Qué ____, Sergio?

Sergio: Bien, ____.

David: Bueno, tengo que irme. Hasta ____.

Sergio y Tessa: Hasta ____.

¡no escribas aquí!

- **¿Cuánto (tiempo) hace que patinas?**
  Patino hace ocho años / Patino desde hace ocho años

- **Presentaciones:**

179

Te presento a Tessa.	*I'd like you to meet Tessa. (formal)*
Éste es Sergio.	*This is Sergio. (informal)*
Mucho gusto.	*Please to meet you.*

8 **Practica presentaciones con tus compañeros.**

Tú: presenta a Estudiantes A y B.
Estudiante A: Luis / estudiante mexicano / está de vacaciones
Estudiante B: María / estudiante colombiana / vive en tu ciudad y estudia en tu instituto

9 **Tessa y Sergio continúan hablando. Escucha y completa las frases:**

1 Sergio quiere tomar _____

2 Sergio vive en Zaragoza hace _____

3 Tessa vive en _____

4 Tessa está ahora en Zaragoza porque tiene _____

5 El deporte favorito de Sergio es_____

6 El deporte favorito de Tessa es_____

7 Sergio no sabe jugar al _____

8 Tessa y Sergio van a jugar al tenis el _____

Escucha otra vez y escribe debajo de los dibujos cuánto hace que Sergio y Tessa practican los deportes que mencionan.

Tessa				
Sergio				

10 **Practica el mismo diálogo con tu compañero/a. Usa los dibujos de B4 para ayudarte.**

Estudiante A es Sergio.
Estudiante B es Tessa.

C ¿Puedo reservar una pista de tenis?

11 Escucha a Tessa que reserva una pista de tenis. Completa la ficha de reserva.

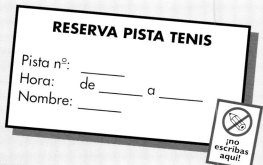

RESERVA PISTA TENIS

Pista nº: _____
Hora: de _____ a _____
Nombre: _____

¡no escribas aquí!

12 **Haz diálogos similares con tu compañero/a. Reserva:**

1 Pista de bádminton / domingo / 3 tarde/ 1½ horas
2 Mesa de ping pong / viernes / 5.30 tarde / ½ hora
3 Cancha de baloncesto / sábado / 10 mañana / 2 horas

13 Ⓟ **Tenéis que hacer una encuesta de deportes en la clase y del tiempo que hace que se practican. Después ponedla en el banco de datos. Preparad un póster con dibujos y fotos de los deportes mencionados.**

Aventura Semanal – ¿Sabes?

Vuelve …

Los días 12, 13 y 14 de septiembre en el Puerto Olímpico de Barcelona vuelve la fiesta más emocionante del in-line. La más internacional, la más importante.

LA SUPERCONTEST

Aquella en la que te podrás codear con los Pros internacionales. Tras el éxito de la pasada edición, NADIE que rule por este mundo sobre unes patines quiere perderse la emocionante supercontest.

Sergio quiere participar en una competición deportiva de patinaje que se llama 'Barcelona Supercontest'. Lee el anuncio y busca la siguiente información.

1 ¿Dónde van a hacer la Supercontest?
2 ¿Cuándo es?
3 ¿Cómo se describe la competición?

¡Ya sabes!

¿Cuánto (tiempo) hace que patinas?
Patino hace ocho años / Patino desde hace ocho años
Presentaciones:
Te presento a Tessa. Éste es Sergio. Mucho gusto.
Vocabulario: deportes y lugares donde se practican: el gimnasio, la pista de tenis, la cancha de baloncesto, el campo de fútbol.
Yo también
A mí también

12 ¿Estás en forma?

● *Hablar de lo que hacemos para estar en forma.*

● *Decir para qué es bueno un deporte y de las cualidades físicas que desarrolla.*

A ¿Estamos en forma?

1   Escucha a Jaime, Sara y Tatiana que hablan de deportes. Contesta las preguntas para cada uno.

1 ¿Hace deporte?
2 ¿Le gusta hacer deporte? ¿Por qué?
3 Si no le gusta hacer deporte, ¿por qué no?
4 ¿Qué deporte practica?
5 ¿Cuánto hace que lo practica?
6 ¿Cuántas veces hace deporte a la semana?
7 ¿Cree que está en forma?

2 Habla con tu compañero/a. Contestad las preguntas de A1.

3 Lee este artículo de una revista española sobre el ejercicio físico de los españoles. Escribe en la columna correspondiente qué hacen bien y qué hacen mal para estar en forma. Te damos el primer ejemplo:

	Bien		Mal
1	hace deporte (tenis)		trabaja demasiado
2		¡no escribas aquí!	

El ejercicio físico de los españoles

La actividad más popular entre los españoles, especialmente en verano, es pasear. El ciclismo y las excursiones son también muy populares. Éstas son las estadísticas más recientes.

	Vacaciones	Resto año
Pasear	82,2	61,0
Bicicleta	12,3	9,0
Excursiones, escalada	8,9	3,7
Deportes pelota	8,2	8,0
Correr	7,6	7,0
Otros deportes	4,5	6,0
Caza y pesca	3,6	2,5
Actividades acuáticas	2,8	1,4

Y ahora vamos a ver qué hacen bien y qué hacen mal los españoles para estar en forma. Entrevistamos a varias personas que nos dijeron lo siguiente:

1 'Hago deporte, practico el tenis, pero trabajo demasiado y tengo mucho estrés'.

2 'No hago deporte, no me gusta, pero como muchas verduras y frutas'.

3 'Juego al fútbol una vez por semana, pero fumo'.

4 'Creo que tomo mucho alcohol, cerveza, vino, y no hago deporte'.

5 'Soy vegetariano, pero no hago deporte'.

6 'Como mucha carne, pero practico mucho deporte'.

4 **Pregunta a tus amigos y a tu familia y escribe frases similares sobre ellos.**

Ejemplo Mi hermano no hace deporte, ve la televisión toda la tarde, pero juega al fútbol los sábados. ¿Y tú?

¡Atención!

estar en forma = to be fit
escalada = climbing
caza y pesca = hunting and fishing
actividades acuáticas = water sports
el estrés = stress
fumar = to smoke
las pesas = weights

B Deporte y salud

5 **Escribe con un compañero las partes del cuerpo que recuerdas.**

6 **El doctor Torres nos dice qué deportes son buenos para qué partes del cuerpo. Escribe el número del deporte al lado de las partes del cuerpo correspondientes.**

Preposición 'para':
El fútbol es bueno para
las piernas.
Superlativos: -ísimo:
El deporte es
buenísimo
para la salud.

173

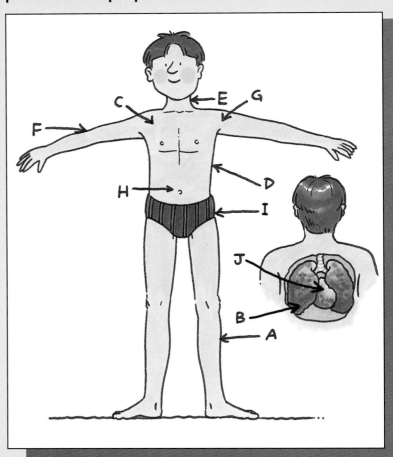

7 **Éstas son las cualidades físicas que todos tenemos más o menos.**

Resistencia   Flexibilidad   Fuerza   Equilibrio   Coordinación.

Une las frases de la página siguiente con los dibujos y después decide con tu compañero qué cualidad necesitas para hacer cada actividad:

1 Tienes que tocar las puntas de los pies sin doblar las rodillas.

2 Quieres aprender un baile nuevo, pero es muy complicado.

3 Vas en patines y tienes que pasar por un puente muy estrecho

4 El ascensor está roto y tienes que subir al octavo piso a pie.

5 La excursión es muy larga, tienes que andar ocho horas.

6 Tienes que llevar una mochila muy pesada a la excursión.

7 El coche no funciona y tenemos que empujar.

8 Vas en bicicleta sin manos.

8 **Decide con tu compañero/a qué cualidades de las mencionadas en B7 desarrolla cada uno de estos deportes.**

1 ciclismo 2 andar 3 natación 4 baile 5 saltar a la cuerda 6 tenis 7 correr 8 voleibol

9 **Lee el artículo y comprueba. Después escribe frases.**

Ejemplo La natación es buenísima para la flexibilidad, la fuerza y la coordinación.

CUERPO Y SALUD

Si nuestra condición física es buena, nuestra salud, en general, es también buena. Nuestra vida es mucho mejor. Si estamos en forma podemos ir a clase, estudiar, ayudar en casa, hacer deporte, salir con los amigos, sin cansarnos demasiado. Así somos mucho más optimistas y tenemos mejor humor.

Todos tenemos unas cualidades físicas que podemos desarrollar con los diferentes deportes.

Estas cualidades son: la resistencia, la flexibilidad, la fuerza, el equilibrio y la coordinación.

En este cuadro indicamos qué deportes son buenos para desarrollar estas cualidades y cuántas calorías quema cada uno en un minuto aproximadamente.

	Resistencia	Flexibilidad	Fuerza	Equilibrio	Coordinación	Cal/min
Ciclismo			*	*		8
Andar	*					4
Natación	*	*	*		*	9
Bailar	*	*		*	*	9
Saltar a la cuerda	*	*		*		11
Tenis	*	*	*		*	12
Correr	*		*			12
Voleibol		*		*		10

10 **Ahora decide qué cualidades son buenas para los deportes siguientes:**

El rugby   El aerobic   El patinaje   Las pesas (halterofilia)

El ping pong

El fútbol   El baloncesto   El golf

Añade más si quieres.

11 **Escucha la entrevista a Sara (de A1) otra vez o mira tus notas y calcula cuántas calorías quema por semana Sara. ¿Y tú?**

Pronunciación y ortografía

Muchos nombres españoles de deportes están adaptados de otros idiomas, especialmente del inglés, pero la mayoría se pronuncian y, a veces, se escriben de manera algo diferente. Escucha y repite: el fútbol, el voleibol, el bádminton, el esquí, el hockey, el rugby, el windsurf, el aerobic, el maratón, el squash.

C Tú también puedes

12 **En España hay muchas personas discapacitadas que hacen deporte. Lee el artículo sobre una atleta ciega: Magda Amo.**

MAGDA AMO

Magda Amo tiene 23 años, es soltera y trabaja como empleada en una empresa de telemarketing. Además es una extraordinaria atleta. Es invidente pero esto no le impide ser una gran campeona.

Magda también practica otros deportes, como el esquí y pertenece al Centro Excursionista de Cataluña donde practica todo tipo de deportes de montaña.

En su carrera como atleta, uno de sus mayores éxitos fue participar en los Juegos Olímpicos de Atlanta. En algunas modalidades del atletismo considera que puede competir con los videntes sin ningún problema.

Su vida está llena de actividad: su trabajo, los entrenamientos, su novio, los amigos, ocupan casi todo su tiempo. Vive con sus padres y ayuda en las tareas domésticas, así que tiene que barrer, limpiar y cocinar. Lo que menos le gusta, dice es freir cebollas.

Lo único que le molesta de ser ciega es que no puede conducir ni ver las luces de los semáforos.

Contesta las preguntas:

1 ¿En qué trabaja?
2 ¿Con quién vive?
3 ¿Cómo es su vida?
4 ¿Qué deportes practica?
5 ¿Qué es lo que menos le gusta de ser ciega?

13 **ⓟ** **En grupos haced una lista de las cosas positivas que hacéis para estar sanos y en forma y de lo que hacéis que no es muy saludable. Preparad un póster con todas las listas y poned dibujos, fotos y otros materiales relacionados con el tema.**

¡Ya sabes!

El fútbol es bueno para las piernas.
El deporte es buenísimo para la salud.
Vocabulario relacionado con deportes: estar en forma, escalada, pesca, las pesas.
Cualidades físicas: resistencia, flexibilidad, fuerza, equilibrio, coordinación.

13

¡A la orden!

- *Comprender y seguir instrucciones.*
- *Hablar de la gimnasia.*

A La clase de gimnasia

 I   Estamos en la clase de gimnasia. Une lo que dice la profesora con los dibujos.

2   Escribe el verbo que corresponde a cada frase. Usa estos verbos:

1 _____ los brazos.
2 _____ la cabeza a la derecha.
3 _____ el pie izquierdo detrás.
4 _____ la pierna.
5 _____ el brazo derecho.
6 _____ los pies con las manos.
7 _____ la vuelta.
8 _____ la rodilla derecha.

¡no escribas aquí!

Baja   Da

Levanta   Dobla   Gira

Pon   Toca

Escucha otra vez y comprueba.

Ahora haz tú los ejercicios.

¡Atención!

dar la vuelta = to turn around
doblar = to bend, fold

3 **a** Lee el artículo y une cada dibujo con el ejercicio correspondiente.

Ejercicio 1

- Coloca una mano sobre la cara.
- Presiona fuerte con la mano.
- Mueve la cabeza contra la mano.
- Cuenta hasta cinco.
- Repite el ejercicio cinco veces.

Ejercicio 2

- Coloca una mano sobre la cabeza.
- Haz fuerza con la cabeza contra la mano.
- Cuenta hasta cinco.
- Haz el ejercicio cinco veces.
- Repite el ejercicio con la otra mano.

Ejercicio 3

- Coloca las dos manos por detrás de la cabeza.
- Presiona hacia atrás con la cabeza.
- Cuenta hasta cinco.
- Repite el ejercicio cinco veces.

Ejercicio 4

- Dobla la cabeza hacia delante.
- Toca el pecho con la barbilla.
- Echa la cabeza hacia atrás suavemente.
- Repite el ejercicio cinco veces.

Ejercicio 5

- Dobla la cabeza hacia el lado derecho.
- Intenta tocar el hombro con la oreja.
- Dobla la cabeza hacia el lado izquierdo.
- Repite el ejercicio cinco veces.

Con la cabeza muy alta.

Nuestro cuello soporta toda la tensión diaria. Es conveniente mantener a punto todos los músculos del cuello para evitar dolores. Es cuestión de diez minutos diarios.

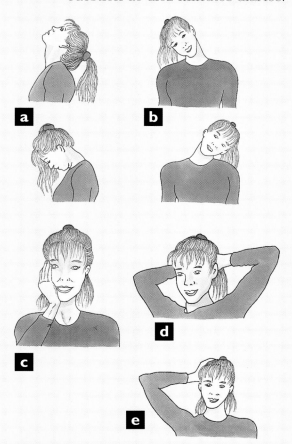

b Escucha la misma información en la radio y haz los ejercicios sin mirar el texto.

4 Lee uno de los ejercicios y tu compañero/a tiene que hacerlo sin mirar los dibujos.

5 Escribe unos ejercicios. Tu compañero/a tiene que hacerlos.

¡Atención!

el cuello = neck
el músculo = muscle
los dolores = aches and pains
colocar = to put, to place

Imperativos

El imperativo (tú) es igual que la 3ª persona singular del presente:
-ar = a: levanta, baja, salta
-er & -ir = e: coge, escribe
Hay varios verbos irregulares: poner: pon
venir: ven
hacer: haz

Los pronombres siempre van detrás del imperativo y se unen a él formando una sola palabra: Siéntate, levántate, relájate.

Pronunciación y ortografía

Escucha los imperativos de dos o más sílabas: levanta, baja, escribe, salta, calla, gira. Tienen la intensidad en la penúltima sílaba (la segunda empezando por detrás) y no tienen acento.
Pero, ¡atención! Si ponemos el pronombre al final, forman una sola palabra y la intensidad cae en la antepenúltima sílaba (la tercera empezando por detrás). Entonces hay que poner acento.

Escucha y repite: levántate, siéntate, cállate.

Recuerda: esto no sucede con los imperativos que tienen una sílaba: pon / ponte.

B Sigue las instrucciones

6 **Haz el test siguiente en dos minutos. Sigue las instrucciones.**

Tienes que hacer este test individualmente, en dos minutos. Si terminas primero, ganas. Pero primero lee la instrucción número once antes de hacer nada.

1 Lee todas las instrucciones.
2 Di tu nombre en voz alta. Usa la frase completa: 'Me llamo...'
3 Cuenta rápidamente del 10 al 1.
4 Toca el libro y grita: 'Aventura'.
5 Mira a tu compañero y di en voz alta: 'Soy el mejor/ la mejor de la clase'.
6 Levántate y mira la puerta.
7 Siéntate y lee la instrucción número siete.
8 Mira debajo de la mesa.
9 Escribe en tu cuaderno o en un papel: 'Me gusta el español'.
10 Di el nombre de tu mejor amigo o amiga en voz alta. Usa la frase completa: "Mi amigo/a se llama...'
11 No tienes que hacer todo el test, sólo desde el número seis.
12 Termina el test y grita: 'Ya estoy en el número 12, soy el campeón/ la campeona'.

7 **En grupos, escribid instrucciones de actividades que se pueden hacer en la clase. Cada estudiante tiene que hacer una.**

8 **Mira en el libro y busca más imperativos.**

C La historia de la gimnasia

9 Lee el artículo y completa la información.

Breve historia de la gimnasia

La primera gimnasia se practicó en Egipto, con ejercicios acrobáticos de circo. Un tipo de gimnasia para combatir las enfermedades se practicó en la India y en China mil quinientos años antes de Cristo. En China se llamó Cong-fu. Los griegos usaron la gimnasia como método para perfeccionar la belleza física. Para ellos la educación física de los niños y jóvenes fue muy importante.

El alemán F.L Jahn es considerado el padre de la gimnasia como la conocemos ahora y creó el primer gimnasio a principios del siglo diecinueve. La gimnasia alemana está basada en ejercicios con aparatos y lo importante es la fuerza y la disciplina, mientras que la gimnasia sueca está basada en el ritmo y la coordinación y usa ejercicios con pelotas, bastones pequeños y aros.

Los suecos introdujeron los gimnasios en su país en 1913 y crearon su propio método llamado gimnasia sueca. Los inmigrantes alemanes y suecos llevaron la gimnasia a los Estados Unidos, y es asignatura obligatoria en los colegios desde hace varios años. La gimnasia forma parte de los Juegos Olímpicos modernos desde que éstos empezaron en 1896 en Grecia.

Escribe un país para cada frase:

1 La gimnasia moderna empezó en _____.
2 Hubo un tipo de gimnasia para mantener la salud en _____.
3 Los primeros Juegos Olímpicos modernos tuvieron lugar en ___.
4 Se llamó Cong-fu en _____.
5 La gimnasia empezó en _____.

¡no escribas aquí!

Ahora escribe más preguntas para tus compañeros.

10 **¿Qué haces en tus clases de gimnasia? Prepara un folleto o un póster para tus amigos españoles explicando los ejercicios y deportes que hacéis. Usad dibujos y fotos.**

Aventura Semanal

Escucha la canción y haz los movimientos.

Vamos a bailar

Levanta los brazos
y salta hacia atrás.
Mueve las caderas,
vamos a bailar.

Dobla las rodillas
y vuelve a doblar.
Baja la cabeza
y la vuelta da.

¡Ya sabes!

Imperativos:
Verbos regulares: levanta, baja, salta, coge, escribe
Verbos irregulares: pon; ven; haz
Pronombres con imperativos: siéntate, levántate, relájate
Más vocabulario del cuerpo humano: el pecho, la barbilla, el hombro

14

Mi deporte favorito

O B J E T I V O S

- *Hablar de las reglas y el equipo de varios deportes.*
- *Hablar de un viaje deportivo.*
- *Hablar de deportes peligrosos.*

A ¿Cómo se juega?

l **Éstas son algunas de las cosas que se usan en varios deportes. Une los nombres con los dibujos. Escucha y comprueba. ¿Sabes a qué deportes corresponden?**

a   un guante de cricket

b   una portería

c   una pelota de rugby

d   un patín

e   los esquís

f   una raqueta de tenis

g   un palo de hockey

h   una pelota de fútbol

i   un gorro de water polo

j   un casco de ciclismo

k   una canasta

76

setenta y seis

2 **Trabaja con tu compañero/a: Mira los dibujos de A1. ¿Sabes el nombre de...**

1 El deporte que tiene más jugadores en un equipo.
2 Un deporte inglés que puede durar cinco días.
3 El deporte que se juega en equipo y en una piscina.
4 Un deporte que se juega con una raqueta.
5 La persona que juega al fútbol.
6 Una persona que practica el deporte del esquí.
7 Un deporte que se practica sobre hielo y hierba.
8 Lo esencial para el ciclismo.

3 **Escucha a Carlos que nos habla sobre el deporte que practica: el fútbol sala. Completa la ficha con la información que nos da. Carlos habla de las diferencias entre este deporte y el fútbol. ¿Cuáles son?**

Nombre:	*Carlos*
Deporte:	
Lugar donde se juega:	
Número de jugadores:	¡no escribas aquí!
Equipo necesario:	
Otros detalles:	

4 **Leticia practica un deporte muy popular en España: el balonmano. Lee su carta y completa una ficha como la de A3.**

Querido amigo:

Yo ahora estoy en un equipo de balonmano. Jugamos en la liga. Un fin de semana jugamos en casa y otro tenemos que ir en el autocar a otros pueblos o ciudades por toda la provincia. El balonmano se juega con una portería y es parecido al fútbol sala pero se juega con las manos. En total hay siete jugadores en cada equipo. Hay dos laterales, dos delanteros, el pivote, el central y el portero. Yo juego de lateral derecho. Hay dos tiempos de treinta y cinco minutos, setenta minutos en total. Me gusta mucho jugar. Es un juego muy rápido. Además mi equipo es bastante bueno y ganamos muchos partidos.

Hasta pronto. Leticia.

¡Atención!

de juego = offside
= winger
ote = striker
rre = defender

el portero = goalkeeper
el lateral derecho = right winger
el delantero = striker

5 Describe a tu compañero/a tu deporte
favorito. Si no tienes uno describe uno
de los dos deportes anteriores.
Tu compañero/a toma notas y
completa una ficha como la de A3.

que = that, which: 'Un deporte que
se juega con una raqueta'.
Se juega, se practica = it is played:
'Un deporte que se practica sobre
hielo'

171

6 Mira el dibujo de un partido de fútbol. Encuentra y escribe los 8 errores.

B Un viaje deportivo

7 Tessa fue a esquiar con su instituto a los Alpes.
Prepara preguntas que empiezan con:

¿Cuándo...?
¿Cuánto tiempo...?
¿Cómo...?
¿Dónde...?
¿Sabes...?
¿Qué...?
¿Pasó...?

Escucha y comprueba si tus preguntas son iguales o similares a las del amigo de Tessa.
Escucha otra vez y toma notas sobre el viaje.

8 ¿Y tú?
a Imagina que tú eres Tessa. Usa tus notas. Cuenta el viaje a tu compañero/a.
b Cuenta a tu compañero/a un viaje o una excursión que hiciste tú para hacer
deporte.

C Deportes de aventura

9 🖭 **Escucha y lee los nombres de estos deportes. Une con las fotos.**

1 el paracaidismo

2 el piragüismo

3 salto al vacío (caída libre)

4 la escalada libre

5 la espeleología

6 el benji-goma

10 💬 **Mira los deportes de C9 y habla con tu compañero/a. Haz las siguientes preguntas.**

1 ¿Dónde se practican?

2 ¿Los practicas tú?

3 ¿Conoces a alguien que los practica?

4 ¿Te gustaría practicarlos?

5 ¿Crees que son peligrosos? ¿Por qué?/¿Por qué no?

6 ¿Qué cualidades físicas necesitas para practicarlos: fuerza, flexibilidad, equilibrio...?

7 ¿Necesitas mucho dinero para practicarlos: equipo, transporte...?

Ponlos en orden de mayor peligro a menor.

Pronunciación y ortografía

Escucha cómo se pronuncian estas palabras y repite: el paracaidismo, el piragüismo, la espeleología, el benji-goma

11 **Lee el artículo de Sergio Ferrero, príncipe de Muresan. ¿Por qué es famoso?**

El príncipe
de los récords

Sergio Ferrero es un príncipe rumano que vive en Ibiza y es un gran deportista que continuamente bate récords y está en el libro Guinness de los récords. Una de sus gestas deportivas más espectaculares fue el triunfo conseguido en el 15 Ironman mejicano: 57 km natación + 2.700 km en bicicleta + 633 km de carrera a pie.

El príncipe de los récords

Éstas son sólo algunas de las hazañas realizadas por Sergio Ferrero:

- Travesía Ibiza-Barcelona - 36 horas sin bajarse de la tabla de windsurf (1976)
- Travesía del Océano Atlántico en windsurf en 24 días
- Travesía del estrecho de Gibraltar en ala delta
- Travesía desde las islas Maldivas hasta la India en piragua, en 14 días
- 6 veces ganador del Mundial de Quadriatlón

Travesía Taiwan

Le encanta la velocidad

FICHA PERSONAL

Edad:	54 años
Estado civil:	soltero
Altura:	1.79
Peso:	69 kilos
Profesión:	amante de la vida
Color:	rosa
Comida:	pasta
Bebida:	agua
Hobby:	las plantas
Lo que más admira:	la honestidad

El mar le fascina

Escribe un artículo corto sobre Sergio Ferrero usando los datos.

¡Atención!

ala delta = hang gliding
travesía = crossing
la piragua = canoe
amante = lover
una hazaña = achievement

12 Ⓟ **En grupos planead un viaje 'deportivo' para el año próximo. Preparad un póster o un folleto. Poned fotos o dibujos.**

Aventura Semanal – ¿Sabes?

Lee la información sobre uno de los equipos de fútbol españoles más importantes.

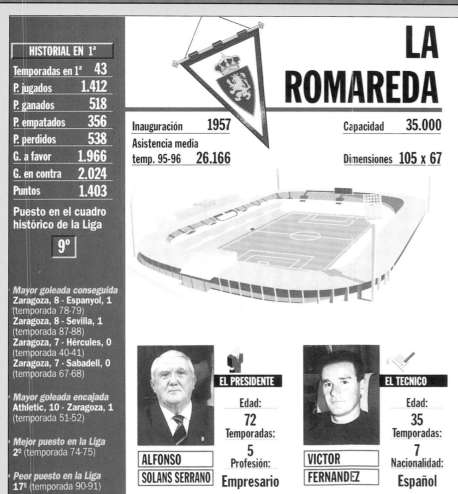

HISTORIAL EN 1ª	
Temporadas en 1ª	43
P. jugados	1.412
P. ganados	518
P. empatados	356
P. perdidos	538
G. a favor	1.966
G. en contra	2.024
Puntos	1.403

Puesto en el cuadro histórico de la Liga **9º**

LA ROMAREDA

Inauguración **1957**
Asistencia media temp. 95-96 **26.166**
Capacidad **35.000**
Dimensiones **105 x 67**

MARCA REAL ZARAGOZA

Azul y blanco es el color del campeón

• *Mayor goleada conseguida*
Zaragoza, 8 - Espanyol, 1 (temporada 78-79)
Zaragoza, 8 - Sevilla, 1 (temporada 87-88)
Zaragoza, 7 - Hércules, 0 (temporada 40-41)
Zaragoza, 7 - Sabadell, 0 (temporada 67-68)

• *Mayor goleada encajada*
Athletic, 10 - Zaragoza, 1 (temporada 51-52)

• *Mejor puesto en la Liga*
2º (temporada 74-75)

• *Peor puesto en la Liga*
17º (temporada 90-91)

• *Puesto más repetido a final de temporada*
11º (cinco veces)

EL PRESIDENTE
ALFONSO SOLANS SERRANO
Edad: 72
Temporadas: 5
Profesión: Empresario

EL TECNICO
VICTOR FERNANDEZ
Edad: 35
Temporadas: 7
Nacionalidad: Español

¡Ya sabes!

Vocabulario de objetos deportivos: tabla de windsurf, pelota, portería que se juega, que se practica: un deporte que se juega sobre hielo
Vocabulario de deportes de aventura: el paracaidismo, el piragüismo, salto al vacío (caída libre), la escalada libre, la espeleología, benji-goma

15 Los Juegos Olímpicos

O B J E T I V O S

- *Hablar de momentos importantes de nuestra vida.*
- *Decir cuánto tiempo hace que pasó algo.*

- *Hablar de deportistas famosos.*
- *Hablar de los Juegos Olímpicos y de la historia del deporte.*

A Momentos de mi vida

1 Escucha a Tessa que habla sobre algunos momentos importantes de su vida. Une cada frase con la foto correspondiente. ¿Cuánto tiempo hace?

SOS Gramática SOS

Verbo en pretérito indefinido + hace + tiempo
Fui a esquiar hace dos años.
La pregunta es: ¿Cuánto (tiempo) hace que fuiste a esquiar?

➡ 178

2 Haz una lista de cosas importantes de tu vida sin poner las fechas.
Da la lista a tu compañero/a que te pregunta.

Ejemplo A: ¿Cuánto (tiempo) hace que fuiste de vacaciones?
B: Fui de vacaciones hace tres meses.

3 ¿En qué año ocurrieron estos acontecimientos?
Adivina.

Miguel Induráin

1 Los primeros Juegos Olímpicos modernos tuvieron lugar en Atenas en _____.
2 William Webb Ellis inventó el rugby en _____.
3 El fútbol moderno se inventó en _____.
4 El primer partido de tenis profesional tuvo lugar en _____.
5 La primera carrera ciclista tuvo lugar en París en _____.
6 Los primeros Juegos Olímpicos de invierno tuvieron lugar en _____.
7 La primera copa mundial de Rugby en Australia y Nueva Zelanda tuvo lugar en _____.
8 La primera pista de patinaje se abrió en Newport, Estados Unidos, en _____.
9 La primera copa mundial de fútbol tuvo lugar en Uruguay en _____.
10 Miguel Induráin ganó el tour de Francia en _____.

¡no escribas aquí!

Los primeros Juegos Olímpicos

| a. 1926 | b. 1866 | c. 1995 | d. 1930 | e. 1878 | f. 1924 | g. 1987 | h. 1896 | i. 1870 | j. 1823 |

Escucha y comprueba.

4 Escribe preguntas y respuestas para A3 de la siguiente manera:

Ejemplo ¿Cuánto hace que se inventó el fútbol moderno?
Hace _____ años

B ¡Sumérgete!

5 Un submarinista famoso. Vas a escuchar una entrevista con Pepe Espinosa, un famoso submarinista español. Antes de escuchar, escribe varias preguntas que te gustaría hacerle (usa: usted).

Ahora escucha. ¿Coinciden tus preguntas con las de la entrevistadora? ¿Contesta Pepe a tus preguntas?

6 Escucha la entrevista otra vez. Y toma notas.
Ahora imagina que tú eres Pepe. Tu compañero/a te entrevista.

7 **Lee el artículo sobre los mejores lugares españoles para bucear. Contesta:**

1 ¿Con qué zonas compara las costas españolas?
2 ¿Qué cualidades tiene la costa mediterránea?
3 ¿Cuándo se puede bucear en el Mediterráneo?
4 ¿Dónde se puede bucear en invierno?

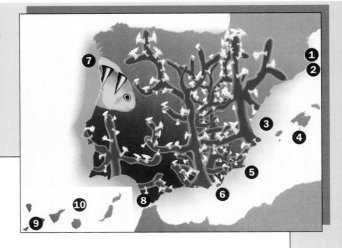

NUESTRAS COSTAS

A lo largo de nuestro litoral existen innumerables puntos de buceo. Algunos de ellos reúnen suficientes atractivos como para competir con éxito con zonas tropicales y lejanas que, a primera vista, podrían parecer superiores. La costa mediterránea, por la claridad de sus aguas y su clima benigno, puede ser visitada durante gran parte del año, encontrando en ella unas condiciones inmejorables para la práctica de este deporte. Durante los meses invernales tenemos otro paraíso cercano, el archipiélago canario, donde las aguas del océano Atlántico alcanzan toda su dimensión y belleza.

1. CABO CREUS (Costa Brava catalana)
2. ISLAS MEDAS (Estartit, Costa Brava catalana)
3. ISLAS COLUMBRETES (Castellón)
4. ISLA DE CABRERA (Baleares)
5. CABO DE PALOS (Murcia)
6. CABO DE GATA-ALBORÁN (Almería)
7. ISLAS CÍES (Vigo)
8. TARIFA (Cádiz)
9. EL HIERRO (Canarias)
10. ARCHIPIÉLAGO CHINIJO (Canarias)

C Los Juegos Olímpicos

8 **Haz el test de conocimientos sobre las Olimpiadas. Contesta Sí o No.**

1 El primer campeón olímpico asiático fue japonés.
2 En 1984 una mujer árabe ganó por primera vez una medalla de oro.
3 El británico Linford Christie empezó su carrera a la edad de dieciséis años.
4 La primera maratón femenina se celebró en 1984.
5 El record de salto de longitud de las Olimpiadas de 'Méjico 68' duró 23 años.
6 Los aros olímpicos son cuatro.
7 Los Juegos Olímpicos de Barcelona se celebraron en 1996.
8 En 1988 Ben Johnson ganó una medalla de oro y la perdió.

9 **Ahora lee el siguiente artículo para encontrar las respuestas correctas.**

Todos los colores
El japonés Mikio Oda se convirtió en el primer campeón olímpico asiático, al ganar la prueba de triple salto en los Juegos de Amsterdam de 1928.

El hombre vuela
Sí, éste es el salto más famoso de la historia. Bob Beamon se puso a volar en México en 1968 y no tocó el suelo hasta 8,90 metros después. Su récord de longitud permaneció intacto hasta que, en 1991, se lo arrebató Michael Powell.

Ganadora en tierra de hombres
Nawal El Moutawakel, de Marruecos, ganó varias batallas en los Juegos de Los Angeles de 1984. A la edad de 22 años, consiguió la medalla de oro en la prueba de 400 metros vallas. Su victoria fue doble, ya que ella fue la primera mujer de un país árabe capaz de subirse a lo más alto del podio olímpico.

El año de los españoles

Los Juegos de Barcelona de 1992 supusieron un éxito sin precedentes para el deporte español. Entre todos los medallistas de nuestro país, Fermín Cacho fue uno de los más renombrados. A pesar de que no partía como favorito, terminó alzándose con la victoria en la carrera de 1,500 metros. Se ganó el oro y el abrazo del Rey Juan Carlos.

Deporte a todo color

Los cinco aros olímpicos se eligieron como representación de la unión entre razas en 1914. Pero fueron dos acontecimientos modernos los que dotaron a la imagen de su simbología actual. El primero fue la llegada de la televisión en color. El segundo, la inscripción de los aros como marca registrada.

Así no

El canadiense Ben Johnson ganó la prueba de 100 metros en Seúl. Pero fue descalificado por dar positivo en el control antidoping.

Más vale tarde

El británico Lindford Christie llegó a la competición a la tardía edad de 26 años. Aun así, logró la medalla de plata en Seúl en 1988 y el oro en 1992.

¡Ya era hora!

El protagonismo de la mujer en las Olimpiadas ha sido lento. Prueba de ello es que hasta Los Angeles, en 1984, no se celebró la primera maratón femenina. Su ganadora fue Joan Benoit.

10 Ⓟ **Buscad información sobre un/a deportista famoso/a de vuestro país y preparad una 'revista deportiva' de la clase.**

Aventura Semanal – ¿Sabes?

Los Juegos Olímpicos de Barcelona empezaron el 25 de julio y terminaron el 9 de agosto de 1992. En ellos participaron 172 países, 7.108 hombres y 2.851 mujeres. Por primera vez en 40 años los Juegos se celebraron sin problemas políticos. Los alemanes del este y

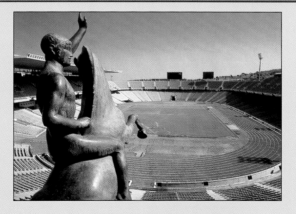

del oeste participaron juntos. Sudáfrica volvió a las Olimpiadas después de 32 años. El ambiente en Barcelona fue de fiesta, paz y alegría. Los españoles ganaron por primera vez muchas medallas, 22 en total y, de ellas, trece de oro. 'Barcelona 1992' fue un gran éxito olímpico.

¡Ya sabes!

¿Cuánto (tiempo) hace que fuiste a esquiar?
Fui a esquiar hace dos años; hace una semana.
Los Juegos Olímpicos tuvieron lugar en Barcelona en 1992.
La carrera tuvo lugar en París.

En serio ...

Autoevaluación

1 Contesta las preguntas: (5 puntos)
1 ¿Dónde se juega al baloncesto?
2 ¿Dónde se juega al tenis?
3 ¿Dónde te vistes para hacer deporte?
4 ¿Dónde juegas al fútbol?
5 ¿Quién prepara a los jugadores para jugar mejor?

2 Pregunta y contesta. (10 puntos)
Ejemplo Patinar / 8 años ¿Cuánto hace que patinas? Patino desde hace ocho años.
1 vivir aquí / 10 años
2 estudiar en este instituto / 3 años
3 tocar el piano / 2 años
4 estudiar español / 2 años
5 tener un gato / 1 año

¡no escribas aquí!

3 Completa el diálogo. Juan presenta a Arturo y Conchita. (9 puntos)
Juan: Conchita. ___ _____ a mi amigo Arturo. Arturo, _____ ____ Conchita.
Conchita: _____ _____.
Arturo: ¿Qué _____, Conchita?
Conchita: Bien, gracias. Bueno, tengo que irme. Hasta _____.
Arturo y Juan: Hasta _____.

4 Completa las frases: Usa estas palabras:
bueno, malo, salud, pulmones, piernas, cuerpo, brazos. (10 puntos)
1 El tenis es _____ para ___ _____.
2 El ciclismo es _____ para ___ _____.
3 Fumar es _____ para ___ _____.
4 Hacer ejercicio es _____ para ___ _____.
5 Comer demasiado es _____ para ___ _____.

5 Escribe seis frases sobre cómo se juegan seis deportes diferentes. (12 puntos)

Ejiemplo El fútbol se juega con un balón.

6 ¿Cuántas veces a la semana / al mes / al año haces estas cosas? (10 puntos)
1 Deporte y ejercicio. 2 Los deberes.
3 Ver la tele. 4 Ir al cine.
5 Visitar a unos amigos / unas amigas.
Haz cinco frases.

7 Escribe una palabra o una frase imperativa para cada símbolo. (16 puntos)

8 Estudia el ejemplo y escribe más frases.
Ejemplo El hockey es un deporte que se juega con un palo. (10 puntos)
1 el fútbol / once jugadores
2 el esquí / las montañas
3 el tenis / una raqueta
4 el baloncesto / una canasta
5 la natación / agua

9 Escribe las preguntas para estas respuestas: (10 puntos)
1 Empecé a esquiar hace tres años.
2 Fui a España hace dos meses.
3 Visité a mis abuelos la semana pasada.
4 Compré este reloj hace un año.
5 Conocí a mi amiga María en 1996.

10 Escribe las respuestas a estas preguntas: (8 puntos)
1 ¿Cuánto hace que empezaste a jugar al fútbol? (5 años)
2 ¿Cuánto hace que volviste de vacaciones? (3 meses)
3 ¿Cuánto tiempo hace que viniste a esta ciudad? (6 años)
4 ¿Cuánto hace que hiciste esta foto? (dos semanas)

Total = /100

... y en broma

I Vamos a jugar.

La carrera de motos:
EL CIRCUITO DE JEREZ

España es un país puntero en motociclismo a nivel mundial. Hay grandes campeones españoles como Ángel Nieto, Jorge Martínez Aspar o Alex Crivillé. El circuito de Jerez es uno de los más importantes de este deporte. Vamos a hacer una carrera en este circuito. ¡Preparados, listos, ya!

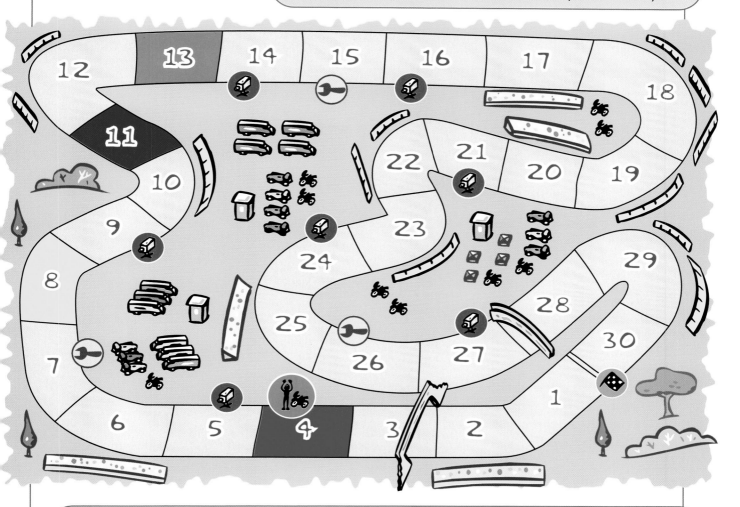

REGLAS DE LA CARRERA

I. Salida:
Sales demasiado pronto. Espera una ronda sin jugar.

2 - 6 - 17 -20 - 25:
ESPECTADORES: Preguntas de lengua. Los espectadores te animan ¡Vamos! ¡Rápido! Contesta la pregunta, si no está bien, retrocede cinco casillas.

9 - 14 -16 - 21 -24 -27:
CÁMARAS DE TELEVISIÓN: Preguntas de cultura y deporte. Los presentadores dan información. Contesta la pregunta, si no está bien, retrocede tres casillas.

3 - PUENTE: Vas en la moto. Canta una canción en español.

28 - PUENTE: Casi estás llegando al final. Para, baja de la moto y baila un baile español para celebrarlo. (Mira la página X)

4 - PILOTOS: Grita: ¡Soy el mejor/ Soy la mejor y voy a ganar la carrera! Avanza hasta el número 13. Entonces haz lo que dice el número 13.

10 -12 - 18 -19 -22 -23:
¡Ten cuidado! CURVA PELIGROSA: Concéntrate y sigue las instrucciones.

5 - MINICÁMARAS. Tira otra vez.

7 - 15 - 26:
MECÁNICOS: Tienes un problema con la moto. Grita: ¡Mi moto está rota! y espera dos rondas sin jugar porque los mecánicos tienen que repararla.

8 - PUBLICIDAD EN LA PISTA:
Avanza hasta el número II.

II - PUBLICIDAD EN LA PISTA:
Vuelve al número 8.

29 - CURVA MUY, MUY PELIGROSA:
¡Oh, no! ¡Cuidado! Tu moto sale de la pista. Vuelve a la salida.

13 - ZONAS ESPECIALES: Cuenta de diez en diez hasta cien rápidamente y avanza cinco casillas.

30 - META: ¡Felicidades! Eres el ganador/ la ganadora. Grita: ¡Soy el campeón de la carrera! / ¡Soy la campeona de la carrera! y canta una canción española con tu equipo.

de verdad

Reportaje: Una campeona de esquí

**Marlén García Barrull es una de las mejores esquiadoras juveniles españolas.
En este reportaje vamos a conocerla mejor.**

2 En primer lugar vamos a hacerle una entrevista.
Antes de escuchar, escribe varias preguntas que te gustaría hacerle.
Usa las fotos del reportaje y las fichas como ayuda.

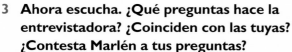

3 Ahora escucha. ¿Qué preguntas hace la entrevistadora? ¿Coinciden con las tuyas? ¿Contesta Marlén a tus preguntas?

Escucha la entrevista otra vez. Escribe su ficha personal.

FICHA PERSONAL

Nombre: . . . .
Edad: . . . .
Domicilio: . . . .
Fecha de nacimiento: . . . .
Lugar de nacimiento: . . . .
Aficiones: . . . .
Estudios: . . . .

de verdad

4 **Lee el artículo. Es otra entrevista hecha a Marlén. ¿Qué más información hay sobre ella? Completa su ficha técnica. Escribe un artículo sobre Marlén.**

Marlén García:
una gran campeona de esquí

Entrevistadora: Marlén ¿Por qué elegiste el esquí?
Marlén: Me gusta mucho el mundo del esquí desde hace muchos años, desde pequeña. Empecé a esquiar a los tres años. Mis padres trabajaron durante varios años en las pistas de esquí de Cataluña. Yo nací allí, en un pueblo muy bonito llamado Molló.

Por eso estuve metida desde muy pronto en el mundo de la competición. Aprendí a esquiar antes que a andar.
Entrevistadora: ¿Cuál es tu objetivo profesional como esquiadora?
Marlén: Mi objetivo es estar en el Equipo Nacional de Esquí y poder obtener buenos resultados en las competiciones internacionales. Espero ganar campeonatos a nivel internacional.

Entrevistadora: ¿En qué categoría estás?
Marlén: Ahora estoy en la categoría juvenil.
Entrevistadora: ¿Cuál es tu club?
Marlén: Estoy en el club de esquí de Camprodon, donde empecé a esquiar.
Entrevistadora: ¿Cuál es tu trayectoria como esquiadora?
Marlén : Gané varias competiciones en los campeonatos de Cataluña, fui campeona infantil varias veces en Cataluña y pasé a formar parte de la selección española. Ahora esquío con el equipo nacional de esquí y participo regularmente en los campeonatos de España. Fui campeona dos veces. También participo en campeonatos internacionales y obtengo

siempre muy buenos resultados.
Entrevistadora: ¿Cuáles son los títulos más importantes que obtuviste?
Marlén: Fui campeona de Cataluña cuatro veces, dos en la modalidad 'Gigante' y dos en 'Slalom' y subcampeona de Cataluña dos veces. También fui campeona de España dos veces. En los campeonatos de la copa de Europa infantil de Sierra Nevada llegué la tercera. En el campeonato del mundo de Escolares fui cuarta. También participé en los terceros Juegos Olímpicos de invierno infantiles.
Entrevistadora: Hace poco estuviste en Chile, ¿verdad? ¿Qué hiciste allí?
Marlén: Fui a participar en los campeonatos internacionales que se celebraron allí hace dos meses. Gané una medalla y fue una experiencia inolvidable. Me encantó Chile. Es un país precioso y la gente es muy simpática.

FICHA TÉCNICA

Historia:	. . . .
Objetivos:	. . . .
Categoría:	. . . .
Club/ Equipo:	. . . .
Títulos:	. . . .
Viajes:	. . . .

16 ¿Qué hay para comer?

O B J E T I V O S

- Hablar de horarios y diferentes tipos de comidas.
- Hablar sobre la dieta vegetariana.

A Ven a comer a las dos

1 Neal es amigo de Tessa y va a pasar unos días a España con ella y su familia. La madre de Tessa le explica los horarios de las comidas en su casa. Escucha y escribe las horas en el diario de Neal.

AGENDA

Domingo   Lunes

Desayuno
Comida
Merienda
Cena

¡no escribas aquí!

2 Tu compañero/a es un amigo o amiga, de España, que viene a visitarte. Explícale los horarios de comidas en tu casa. Tu amigo/a completa una agenda como la de A1.

3 La madre de Tessa continúa hablando con Neal de cómo es cada comida. Escucha y contesta. ¿Qué toman...

1 en el desayuno?
2 a media mañana?
3 en la comida?
4 en la merienda?
5 en la cena?

¿Toman algo más?

4 **Eréndira, tu amiga mexicana, te escribe una carta sobre los horarios y tipos de comidas en México. Compara con los horarios españoles y los de tu país.**

Ésta soy yo, comiendo tacos de bistec con queso.

México, D.F. a 19 de febrero

Hola,

¿Cómo estás? Espero que muy bien. En tu última carta me preguntaste cómo son los horarios de comida en México y qué comemos. Entre semana la gente suele desayunar muy rápido y algo ligero: café o leche, quizá jugo de naranja, fruta picada y algún pan dulce o tostadas. Otras personas desayunan cereales. A media mañana (11.00) mucha gente tiene un descanso y toma un café o come algo ligero. Mucha gente a esta hora come un almuerzo que es algún guisado caliente y fuerte.

La comida fuerte se hace a las 2.00 o 3.00 de la tarde. La comida suele ser una sopa y/o pasta o arroz, de primer plato, después un segundo plato fuerte y luego un postre. También café al final. Suele beberse un refresco o aguas frescas de fruta: agua de limón, de naranja, sandía... La gente regresa a trabajar a las 4.00 más o menos. A media tarde suelen tomar café con algún pastelillo o galletas. La gente cena como a eso de las 8.00 o las 9.00. La cena es ligera, café, leche, un sandwich o una torta, algunas quesadillas, depende...

Los fines de semana es distinto, pues como la gente se levanta más tarde, suele almorzar algo más fuerte como a eso de las 11.00. Luego la comida es también más tarde, hacia las 3.00. Las comidas de domingo suelen hacerse con amigos, familia o ir a un restaurante si se puede.

Así es más o menos como se come en México. Bueno, aquí termino mi carta. Recibe mis saludos amistosos. Escríbeme pronto.

Un abrazo: *Eréndira.*

5 **Ahora escribe tú una carta a tu amiga Eréndira sobre los horarios y tipos de comidas en tu país.**

B ¿Has probado la horchata?

6 La madre de Tessa vuelve del mercado con la compra. Escucha la conversación con Tessa y Neal.

¡Atención!

probar = to try
la horchata = a sweet drink made from tiger nuts
alguna vez = ever
nunca = never/ever

Pretérito perfecto
• Verbo haber (he, has, ha, hemos, habéis, han) + participio (-ar: -ado; -er, -ir: -ido)
He comprado; has comido; ha salido.

 176

• **Alguna vez/nunca** (con pretérito perfecto):
¿Has comido sardinas alguna vez?
No he comido sardinas nunca.
o: Nunca he comido sardinas.

174

7 Mira lo que ha comprado la madre de Tessa. Escucha y marca con una cruz lo que Neal no ha comido nunca.

a

b

c

d

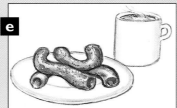
e

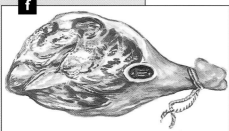
f

8 Practica con tu compañero/a el mismo diálogo. Usa los dibujos.

Pronunciación y ortografía

En español, al hablar, y sólo al hablar, se puede suprimir la d en los participios y adjetivos acabados en 'ado'. Escucha y repite:
he tomado: 'he tomao', he pasado: 'he pasao', he encontrado: 'he encontrao, estoy cansado: 'estoy cansao'.
Esto sucede especialmente con el pretérito perfecto:
He cenado en un restaurante: He 'cenao' en un restaurante.
¿Qué has comprado?: ¿Qué has 'comprao'?
Juan ha llegado tarde: Juan ha 'llegao' tarde.
Pero ¡atención! esto sólo ocurre con los verbos en 'ar' (ado), nunca con los verbos en 'er', o en 'ir' (ido).
¡Y recuerda, sólo al hablar, nunca al escribir!

C Soy vegetariano/a

9   **Blanca es vegetariana. Escucha y di si las frases siguientes son verdaderas o falsas.**

1 Blanca es vegetariana desde hace tres años.
2 Su familia es vegetariana también.
3 A Blanca no le gusta la carne, por eso se hizo vegetariana.
4 Come pescado.
5 Come mucha pasta.
6 Se siente mejor desde que es vegetariana.
7 Ser vegetariana es una cuestión de principios.
8 Es difícil ser vegetariana en España.
9 En el instituto tienen mucha comida vegetariana.
10 Tiene pocos amigos vegetarianos.

¡Atención!

hacerse vegetariano/a =
to become a vegetarian
sentirse mejor = to feel
better

10 **Ⓟ** **Discusión en dos grupos. Grupo A está a favor de los vegetarianos. Grupo B está en contra. Usad los argumentos dados en la lección y pensad en otros. Después preparad un póster sobre el tema.**

Aventura Semanal – ¿Sabes?

La horchata

La horchata es una bebida refrescante hecha de unos frutos secos, llamados 'chufas'. En el siglo séptimo los árabes introdujeron en España el cultivo de las 'chufas'. Valencia es el lugar de origen de la horchata y allí se produce la mejor. La ciudad está llena de horchaterías, lugares especiales donde se toma esta bebida. Es blanca y líquida y tiene un sabor dulce muy particular. También se puede tomar 'granizada', a la crema, sola o acompañada de 'fartons', que son bollos de forma alargada, típicos de la región. La horchata se toma preferentemente en verano, pero es deliciosa en cualquier época del año.

¡Ya sabes!

Pretérito perfecto:
Yo he comprado sardinas; ¿has comido calamares?; Luis ha salido.
¿Has tomado chocolate con churros alguna vez? No, no he tomado chocolate con churros nunca / Nunca he tomado chocolate con churros.
Más vocabulario y expresiones de comida y bebida: dieta vegetariana; soy vegetariano/a, horchata, chocolate con churros.

17

La dieta ideal

O B J E T I V O S

- *Hablar sobre los alimentos y la dieta.*
- *Decir lo que has hecho y has comido hoy, esta semana.*

A ¿Qué has hecho hoy?

Sergio no ha tenido un día muy bueno hoy.
Pon en orden los dibujos.

Ahora escucha su conversación con Tessa y comprueba.

2 **a Tú eres Sergio. Dile a tu compañero/a qué has hecho hoy. Usa los dibujos de la historia.**

b Ahora dile a tu compañero/a lo que tú has hecho, realmente, hoy / esta mañana / a mediodía / esta tarde.

3 **Tessa escribe una carta a su amiga sobre lo que le ha pasado a Sergio. Lee el principio y continúa la carta.**

Querida Ana:
Hoy ha venido Sergio a mi casa por la tarde.
Me ha contado lo que le ha pasado. Es muy
divertido. Se ha levantado tarde porque...

- Esta mañana he desayunado. Esta tarde no he ido al instituto. Esta semana he comido patatas, carne.

- Pronombre reflexivo + pretérito perfecto: Hoy me he levantado tarde.

- Verbos irregulares: He hecho, has escrito, ha vuelto. **176**

B Mente sana en cuerpo sano

4 **Con tu compañero/a decide qué alimentos corresponden a cada categoría: Escucha al profesor y comprueba. ¿Qué dice sobre las vitaminas?**

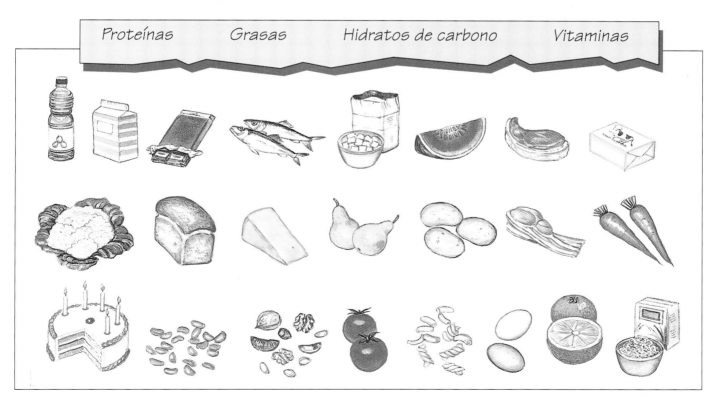

Proteínas   Grasas   Hidratos de carbono   Vitaminas

5 **Escribe en la agenda una lista de todo lo que has comido y bebido esta semana y cuántas veces.**

Ejemplo Pescado, dos veces.

8	lunes
	fruta, pescado, patatas.
9	martes
	pescado, queso,

6 **Encuesta en la clase. Pregunta a tus compañeros: ¿Qué has comido esta semana? ¿Cuántas veces? En grupos decidid si lo que habéis comido es sano o no y pensad una dieta ideal para los próximos días / la próxima semana:**

Menú lunes	Menú martes

C La dieta ideal

7 **Lee el artículo: La alimentación del deportista. Antes de leer, escribe con tus compañeros algunos consejos para los deportistas.**

Ejemplo Desayuna mucho.
Lee y comprueba.

La dieta del deportista

La dieta de los deportistas debe ser lo más variada posible. Es muy importante controlar el peso y comer lo suficiente.

Si se hace más deporte hay que comer más, pero de forma proporcional, por ejemplo si se come más pasta hay que comer más carne y más fruta.

Desayuno: para hacer deporte es importante desayunar abundantemente unas dos horas antes, por ejemplo: leche semidesnatada, cuatro tostadas con mantequilla, un tazón de cereales.

Unos minutos antes de empezar hay que beber un vaso de agua, mientras se hace deporte hay que beber un poco cada quince minutos.

Para comer, lo mejor son las ensaladas, las verduras, el arroz, la pasta o las legumbres de primer plato y de segundo las proteínas: carne, pescado o huevos, pero sin excederse.

La merienda puede ser un yogur con cereales, un zumo de frutas y galletas.

La cena será como la comida, pero más o menos la mitad en cantidad.

Si quieres ser campeón sigue estos consejos:

1 Sigue una dieta muy variada.

2 Sigue un horario regular de comidas.

3 Desayuna mucho y temprano.

4 Evita el exceso de grasa.

5 Evita el azúcar refinado.

6 Toma poca sal.

7 Controla el peso.

8 Come alimentos ricos en fibra.

9 Come mucha fruta, verdura y ensalada.

10 Evita las bebidas con gas y sobre todo el alcohol.

8   **La pizza sanísima. En grupo leed el anuncio de una pizzería.**

1 Mirad las pizzas que hay y haced un análisis de lo que contienen.
   ¿Qué predomina: las grasas, las proteínas, etc? ¿Qué pizzas son más equilibradas?
2 Queréis pedir varias pizzas y elegir los ingredientes.
3 Preparad: Una pizza llena de vitaminas/ una pizza con muchas proteínas/ una pizza con muchas grasas y pocas vitaminas, etc.

Pizzas...
a la carta

HAWAIANA - salsa de tomate, doble queso, jamón, y jugosa piña piña

IDEAL - salsa de tomate, doble queso, champiñones, jamón y tomate fresco

MARINERA - salsa de tomate, doble queso, gambas, anchoas, cebolla y atún

BARBACOA - doble queso, ternera, cebolla, bacon, maíz y nuestra salsa Barbacoa

CUATRO ESTACIONES - salsa de tomate, ternera, jamón, champiñones, tomate fresco, deliciosa combinación de tres quesos

QUESO LOVER'S - deliciosa combinación de quesos Mozzarella, Cheddar y monterrey con salsa de tomate y los dos ingredientes que más te gusten

CARNE LOVER'S - salsa de tomate, ternera, pepperoni, jamón, carne de cerdo a las hierbas y combinación especial de tres quesos

SUPREMA - salsa de tomate, doble queso , ternera, pepperoni, cebolla, pimiento verde y champiñones

SUPER SUPREMA - 8 ingredientes por el precio de 6, salsa de tomate, doble queso, ternera, jamón, pepperoni, carne de cerdo a las hierbas, cebolla, pimiento verde, champiñones y aceitunas

A tu gusto ...

INGREDIENTES ADICIONALES
Aceitunas, Anchoas, Atún, Bacon, Cebolla, Carne de cerdo a las hierbas, Champiñones, Extra de queso, Gambas, Jamón, Pepperoni, Pimiento verde, Piña, Salsa de tomate, Ternera, Tomate fresco

NUEVA

Sicilian Pizza
Oregano, albahaca, aceite de oliva y ajo mezclados en el interior de una masa Pan rectangular.

SABOR POR LOS CUATRO COSTADOS

Por cada Sicilian Pizza™ que pidas, Pizza Hut realizará un donativo a Aldeas Infantiles SOS

☎ 35 93 59
Tomás Bretón, 28

Pizza Hut
A DOMICILIO

Aventura Semanal
– ¿Sabes?

Lee el chiste:

Por la mañana no desayuno: pienso en ti. Al mediodía no como: pienso en ti. Por la noche no ceno: Pienso en ti. Por la noche no duermo: 'Tengo Hambre'.

¡Ya sabes!

Pretérito perfecto: Esta mañana he desayunado; esta semana he comido mucho chocolate.
Hoy me he levantado tarde.
He hecho; has escrito; ha vuelto
Vocabulario de alimentación: las proteínas, los hidratos de carbono, las vitaminas, las grasas, las legumbres.
Más imperativos: Sigue, evita, toma, come.

18

¡A comer!

- *Pedir y ofrecer cosas que se necesitan en la mesa.*
- *Decir lo que falta.*
- *Reservar una mesa y quejarse en un restaurante.*
- *Decir que no se ha pedido algo o que la cuenta está equivocada.*

A ¡Pon la mesa!

I Tessa y su madre están poniendo la mesa porque unos amigos vienen a comer.
  1 Antes de escuchar escribe con un compañero los nombres de los objetos.
  2 Escucha el diálogo y señala dónde están los objetos en el armario.

2 Haz el diálogo con tu compañero/a: Estudiante A: Tessa
Estudiante B: Madre/Padre

3 **La mesa está puesta para seis personas, pero faltan muchas cosas.**
Escribe una lista con tu compañero/a.

Ejemplo   Faltan dos vasos.

4 **Los amigos vienen a comer.**
Escucha.
  1 ¿Qué piden?
  2 ¿Qué ofrecen?

5 **Ahora pide a tu compañero lo que falta en la mesa de A3.**
Ofrece también: más carne, más agua, un poco de pan, otro trozo de pastel.
Usa las expresiones estudiadas.

Pronunciación y ortografía

Si añadimos un pronombre personal al final de los imperativos como: pasa, trae, compra, estudia, cambia, la intensidad se mantiene en la primera sílaba pero hay que poner un acento: escucha y repite.

pasa > pásame; trae > tráeme; compra > cómpralo; estudia > estúdialo; cambia > cámbialo.

SOS Gramática SOS

Falta una copa en la mesa.
Me falta un cuchillo.

 179

• Ofrecer: Toma un poco de sopa
• Pedir: ¿Me pasas / me das la sal?
       ¿Puede darme la sal?
       ¿Podría darme el vinagre?
• Posición del pronombre personal con imperativos e infinitivos:
¿Puede(s) pasar**me**/ dar**me** la sal?/ Pása**me** el aceite/ da**me** el vinagre.
• Preposición **para**: para esta noche; para qué hora; para las diez; para dos personas.

B El restaurante Maravillas

6 **Un cliente llama por teléfono al restaurante Maravillas para reservar mesa. Escucha y señala qué mesa quiere reservar.**

a

b

c

7 Ahora haz tú el diálogo con tu compañero/a.
Estudiante A: Cliente. Estudiante B: Camarero/a.

8 Al ir a pagar hay algunos problemas
en este restaurante.
Une las cuentas con el cliente.

9 Haz los diálogos con tu
compañero/a.
Estudiante A: Cliente.
Estudiante B: Camarero/a.
Usa las cuentas.

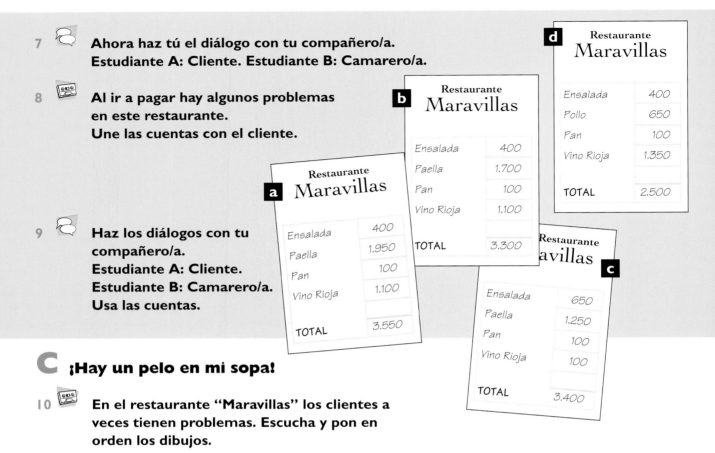

d Restaurante
Maravillas

Ensalada	400
Pollo	650
Pan	100
Vino Rioja	1.350
TOTAL	2.500

b Restaurante
Maravillas

Ensalada	400
Paella	1.700
Pan	100
Vino Rioja	1.100
TOTAL	3.300

a Restaurante
Maravillas

Ensalada	400
Paella	1.950
Pan	100
Vino Rioja	1.100
TOTAL	3.550

Restaurante
c avillas

Ensalada	650
Paella	1.250
Pan	100
Vino Rioja	100
TOTAL	3.400

C ¡Hay un pelo en mi sopa!

10 En el restaurante "Maravillas" los clientes a
veces tienen problemas. Escucha y pon en
orden los dibujos.

Elige una de estas peticiones para cada frase que has escuchado.

1 ¿Podría limpiarla en seguida?
2 ¿Puede traerlo, por favor?
3 ¿Puede darme una?

4 ¿Puede traerlos en seguida?
5 ¿Puede traer otra inmediatamente?
6 ¿Puede traer otro inmediatamente?

Ahora escucha los diálogos completos y comprueba. Hazlos con tu compañero/a.

12 **Ⓟ Tu instituto organiza un intercambio. Prepara un folleto bilingüe con expresiones para usar en la mesa (en casa) y en un restaurante.**

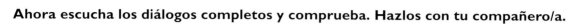

La cena del capitalista

Diego Rivera fue un gran pintor mexicano, muy famoso, que nació en 1886 y murió en 1957. Ésta es una de sus pinturas y se titula 'La cena del capitalista'. Es un fresco que mide 4.26 x 1.62 m. y lo pintó en 1928.

1 ¿Qué ves en él?
2 ¿Puedes describirlo?
3 ¿Qué hay en la mesa?
4 ¿Falta algo?
5 ¿Qué crees que simboliza?

¡Ya sabes!

Imperativos: Pon los platos en la mesa; tráeme las servilletas. Expresiones para pedir algo: (informal - tú) ¿puedes pasarme la sal?; (formal - usted) ¿puede darme la pimienta?; Pronombres personales: dame, ¿puede traerlo/ traerlos? Para: para esta noche.

19

¡Qué dolor!

O B J E T I V O S

- **Explicar problemas de salud en el médico.**
- **Comprar medicinas.**
- **Hablar de problemas de salud.**

A Vamos al médico

1   **Tessa va al médico de urgencias.**
Escucha el diálogo y completa la ficha del hospital.

✚ *Hospital* **Miguel Servet**
Unidad de Urgencias

APELLIDOS: .... NOMBRE:
....

Edad:

Motivo de consulta:

_____

EXÁMENES SOLICITADOS:

_____

JUICIO CLÍNICO:

_____

TRATAMIENTO:

_____

RECOMENDACIONES TERAPEÚTICAS:

_____

¿ALERGIAS?:

¡no escribas aquí!

¡Atención!

la muñeca = wrist
un esguince = sprain
la escayola = plaster
los rayos X = X-rays
el medicamento = medication
reposar = to rest
recetar = to prescribe
la consulta = examination
un golpe = blow
apoyar = to lean

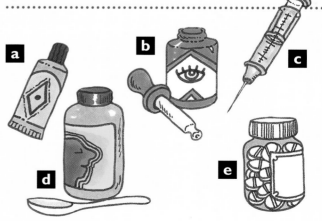

2   **El médico receta algo a Tessa. ¿Qué es?**
Elige el dibujo correspondiente.

3 **Lee la receta del médico:**

1 ¿Cuántos días tiene que tomar las medicinas?
2 ¿Cuántas debe tomar cada día?
3 ¿Qué día comienza el tratamiento?

RECETA			
PRESCRIPCIÓN	**Fecha:** 31 – 12		**Paciente:**
Pomada 'Pomargil'	**Duración tratamiento:** Pomada 10 días Pastillas 4 o 5 días		Tessa Ellis Martín
Pastillas 'Dolorín'			
	Posología: 1 unidades/toma Cada 8 horas.		

4 **El médico receta a Sergio algo para la tos. Lee el anuncio y contesta las preguntas.**

1 ¿Para qué son las pastillas y el jarabe?
2 ¿Pueden tomarse juntos?
3 ¿Pueden tomar las pastillas los niños mayores de dos años?
4 ¿Qué actividades no debemos hacer si tomamos el jarabe?
5 ¿Por qué?

Ventajas del jarabe y las pastillas Fórmula 44

▼ **TIENEN PROBADA EFICACIA ANTI-TOS,** que se manifiesta al poco tiempo de la administración y se mantiene durante varias horas.

▼ **SE PUEDEN COMBINAR PERFECTAMENTE.** La combinación de ambos productos permite un tratamiento sintomático **eficaz** de la tos, tanto en el hogar, gracias al jarabe, como en la calle y el trabajo, gracias a las pastillas.

Consulte a su médico o farmacéutico sobre Fórmula 44 jarabe o pastillas, un remedio eficaz que alivia la tos rápidamente y por mucho tiempo. Lea las instrucciones. Ver composición.

En el caso del jarabe: No tome bebidas alcohólicas ni conduzca o realice actividades peligrosas mientras tome este medicamento, puede producir somnolencia.

Pastillas: No administrar a menores de 6 años.

PROCTER & GAMBLE ESPAÑA, S. A.
(División Farmacia)
José Lázaro Galdiano, 6-2.º - 28036 Madrid

C P S 89 286

173

• Me gustaría / te gustaría / le gustaría
Preposición para:
Una pomada para la pierna y unas pastillas para el dolor.
¿Para qué son las pastillas?

B Pero, ¿qué te ha pasado?

5 **1 Completa las frases de la lista A con las de la lista B. Escucha y comprueba.**

1 Me he quemado
2 Me he cortado
3 Me he dado un golpe
4 Me he roto el brazo
5 Me escuece la espalda
6 Me he torcido el tobillo
7 Me duele muchísimo la garganta;
8 Me han salido unos granos

a con un cuchillo
b con la plancha
c he tomado el sol demasiado
d y no puedo escribir
e en la cabeza
f y no puedo andar.
g por todo el cuerpo
h no puedo hablar

2 Ahora une los dibujos con las frases.

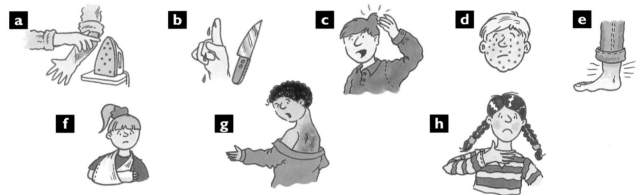

6 **a Practica y escribe los diálogos con tu compañero/a.**

Estudiante A: Eres médico/a, aconseja y receta lo necesario para cada caso.
Estudiante B: Paciente.

b Representa los diálogos con tu compañero/a, sólo con gestos, para otros dos estudiantes que adivinan y tienen que hacer el diálogo hablado.

C La salud y los adolescentes

7 **Según tu opinión, ¿cuáles son los principales problemas de salud que tienen los adolescentes? Prepara una lista. Trabaja en grupo.**

8 **Lee el artículo. ¿Qué problemas se mencionan? ¿Coinciden con los tuyos? Completa el cuadro con la información:**

	Problemas	Consejos
Alimentación		
Ejercicio		
Control médico		
Tabaco/alcohol		

¡no escribas aquí!

Adolescencia

Combina buenos hábitos y ejercicio físico

La adolescencia es una etapa difícil en la que los jóvenes deben aprender a ser adultos. Adquirir hábitos sanos es la mejor garantía para la edad posterior.

La alimentación: En esta etapa de cambios físicos y hormonales pueden aparecer trastornos importantes en la conducta alimentaria como son la anorexia y la bulimia. Es importante habituarle a la comida pobre en sal. Se deben incrementar los aportes de hierro y calcio. Ojo con las dietas extravagantes, que son subyugadoras para los jóvenes, pero que pueden provocar carencias alimentarias, y los 'fast food', que nada tienen que ver con una dieta equilibrada y saludable.

Ejercicio: El 42% de los jóvenes de 8 a 18 años no mantienen niveles de actividad física suficientes. El introducir el deporte en su vida garantiza su salud futura, favorece su autoestima y refuerza sus hábitos saludables.

Control médico: A pesar de la edad, es importante el control médico periódico, así como realizar las revacunaciones pertinentes: la rubeola, el tétanos y la hepatitis, son convenientes. También es el momento de aprender las pautas de una conducta sexual sana, basada en una información veraz, transparente y sin tabúes.

El tabaco y el alcohol: El tabaco lleva a padecer enfermedades tan temidas como el cáncer y el infarto. Es sobre todo nuestra propia conducta, la de los padres y adultos, la que más va a influir en los jóvenes. Es absurdo decirle a un chico que el tabaco es malo y que no fume mientras nosotros sostenemos un cigarrillo. Somos su espejo. En este mismo sentido debemos actuar con respecto al alcohol y otras drogas.

9 **(P)** **Prepara un folleto de consejos para tener una vida sana.**

Aventura Semanal – ¿Sabes?

Lee el anuncio:
1 ¿Qué se anuncia?
2 ¿Cuántas profesiones hay en él?
3 Di sus nombres.
4 ¿Cuál es el mensaje?

¡Ya sabes!

¿Qué te pasa? Me duele mucho la pierna
Ayer me caí / hoy he salido a pasear
Vocabulario: la muñeca, un esguince, la escayola, los medicamentos, los rayos X, la receta, la consulta, alérgico/a, el jarabe, las pastillas, la pomada, la inyección, las gotas.
Me he quemado, me he dado un golpe, me he torcido el tobillo.

20 ¿Cuidas a tus animales?

O B J E T I V O S

- *Hablar de la salud y el cuidado de animales.*
- *Hablar de los pros y contras de tener animales en casa.*
- *Contar historias de animales.*

A Como el perro y el gato

1   Escucha a Tatiana que habla de su mascota, Roni. ¿Qué cosas nos cuenta de ella?

2   Lee el artículo sobre los Yorkshire terrier y compara con lo que dice Tatiana.

YORKSHIRE TERRIER
Un pequeño gran guardián

Esta raza de perro fue creada a partir de diversos cruces entre terriers de pequeño tamaño por los mineros ingleses con la finalidad de cazar ratas. El resultado fue un perro vigoroso y bien proporcionado. Su cabeza es pequeña y chata, de hocico corto, ojos vivos y orejas triangulares muy erguidas. De cuerpo alargado y compacto, sus patas son fuertes y el pelaje es moderadamente largo, liso, sedoso y de color azul acerado, con manchas fuego en la cabeza, el pecho y las patas.

BUEN COMPAÑERO DE PISO

Aunque disfruta mucho de la naturaleza, es el perro ideal para tener en un apartamento. Le gusta dar numerosos paseos diarios, aunque no sean muy largos. Suele ser friolero, por lo que conviene abrigarlo en invierno. Necesita una alimentación de carne picada, con arroz, verduras y alimento seco. Los dulces son muy perjudiciales para su dentadura, mientras que un trozo de pan duro le puede ayudar a mantenerla. Necesita cepillados diarios, un baño a la semana y sujetarle con lazos el pelo de la frente, para evitar que se le meta en los ojos. Vive entre 13 y 14 años.

DESCONFIADO Y CARIÑOSO

Es vivaz, atento, afectuoso con su amo, desconfiado con los extraños y poco amigo de otros animales. A pesar de su tamaño, es un gran guardián, de un oído muy fino, resistente y robusto. Cuesta entre las 70.000 y las 250.000 ptas.

Tú tienes un perro como éste. Habla con tu compañero/a sobre él.

3 **Completa estas frases sobre los perros:**

1 El perro es el mejor amigo del _____.
2 Un perro es para toda la _____.
3 Hay que sacar al perro a _____ todos los días.
4 Alguien tiene que _____ del perro cuando nos vamos
   de vacaciones.
5 Hay perros guardianes que _____ la casa cuando
   no estamos.
6 Los perros ayudan a mejorar la _____ de las
   personas enfermas.
7 Hay perros ____ para las personas ciegas.

Escucha y comprueba.

4 **Escucha a Sara y Jaime que hablan
de sus mascotas. Decide a qué
animal o animales se refieren las
frases: perros, pájaros, gatos, peces.**

Ejemplo Tenerlo en una jaula es cruel: el pájaro

Tenerlo en una jaula es cruel.
Hay que cuidarlo mucho.
No necesitan muchos cuidados.
Son muy silenciosos.
No puedes tenerlo abandonado.
Cantan muy bien.
Necesitan agua muy limpia.
Son muy fieles.
Me encanta mirar cómo nadan.
Hay que bañarlo muchas veces.
Cuando vas de vacaciones es un problema.
Hay que ser muy responsable para cuidar un animal.

Escucha y comprueba. ¿Quién dice cada frase?

Ejemplo Tenerlo en la jaula es cruel: Jaime

5 **Habla con tu compañero/a de las ventajas y desventajas de tener animales en casa.**

B Consejo profesional

6 **Estos chicos y chicas tienen dudas sobre cómo cuidar a sus mascotas y escriben a un consultorio.**
Lee las cartas y une las respuestas con la carta correspondiente.

'ZOOPREGUNTAS'

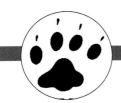

Contesta Marta Rodríguez, veterinaria:

¿Problemas con tus mascotas? Necesitas consejos para cuidar a tus amigos domésticos? Marta te ayuda. Escribe a 'Tu Mascota' Calle Rey Alfonso, 11, Barcelona, sección 'Zoopreguntas'.

1 ¿Carne cruda o cocida?

A veces le doy a mi gato un trozo de carne, pero no sé si es mejor darle la carne cruda o cocida. ¿Qué me aconseja?

Beatriz (Murcia)

2 Problemas con el baño

Tengo un Pastor Alemán desde hace unos meses. Mi problema es el siguiente: cada vez que intento lavarlo se me escapa y no deja que nadie se le acerce. ¿A qué se debe esta actitud?

B. Fernández (Madrid)

3 Adoptar un perro

Somos dos niños de 10 y 14 años con poca experiencia en el cuidado de perros. Queremos tener uno, pero no tenemos mucho tiempo libre ni dinero. ¿Qué tal un Chihuahua?

Pepe y José (Valencia)

4 Conejillo de Indias

Me han regalado un conejillo de Indias y querría saber cómo tengo que alimentarlo y cuánto tiempo pueden llegar a vivir.

Penélope (Sevilla)

Respuestas

a Es una buena elección porque es una raza pequeña y no necesita muchos cuidados. Aunque no cuesta mucho mantenerlo, hay que comprarlo y es caro. Si no os importa un cachorro sin raza, lo ideal sería adoptar un animal abandonado.

b La vida media de estos animales ronda los 4 o 5 años. Necesitan una dieta variada con productos frescos, como frutas, hortalizas y verduras - zanahoria, coliflor, espinacas, lechuga y manzanas - además de comida seca y vitaminas - y, por supuesto, agua fresca y limpia.

c La carne cruda puede crearle problemas en el estómago y puede causar problemas de parásitos y enfermedades que pueden contagiarse a las personas

d Es normal si es la primera vez que intentas hacerlo. No está acostumbrado al agua y al jabón. Pero el baño es necesario regularmente. Lo mejor es llevarlo las primeras veces a una peluquería canina para que se acostumbre poco a poco. Así perderá el miedo y podrás bañarlo sin dificultad.

7 **Lee estas dos respuestas. Escribe una carta para cada una explicando tu problema con tu mascota.**

1

Si se hace pis en casa hay que regañarle firmemente y felicitarle cuando decide hacerlo en la calle. Para él es más cómodo hacerlo cuando quiere y no quiere aguantarse hasta salir fuera. Tienes que educarlo mejor.

2

Seguramente la causa de tu miedo es alguna mala experiencia que tuviste de pequeña. Tienes que enfrentarte con el problema. Tienes que acercarte a ellos poco a poco. Empieza con los más pequeños, especialmente cachorros, acarícialos y tómalos en brazos. Después prueba con uno más grande, un pastor alemán o similar. Aunque tomarlo en brazos no será muy fácil.

C Botiquín de urgencia

8 **Escucha la historia de 'Tristón' el gato travieso y pon en orden los dibujos.**

9 Tessa escribe una carta a su amiga contándole la historia de Tristón pero no puede porque tiene la mano rota. Escríbela tú:

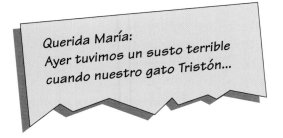

Querida María:
Ayer tuvimos un susto terrible cuando nuestro gato Tristón...

Después cuenta la historia a tu compañero/a. ¿Te ha sucedido algo con tu mascota? Cuenta una historia, si quieres inventa.

10 Una visita al veterinario. Une lo que dicen estas personas con el dibujo correspondiente.

Ahora haz diálogos con tu compañero/a.

Estudiante A: Llevas a tu gato al veterinario, pero no sabes decirle las frases, tienes que representarlas haciendo mimo.

Estudiante B: Veterinario adivina y dice la frase: ¡Ah! ¡le ha picado una avispa!

11 **Lee el artículo y une los nombres de cada objeto con los dibujos. ¿Qué otras dos cosas debes tener en el botiquín?**

Perros y gatos: Botiquín de urgencia

Si quieres cuidar bien a tus animales debes tener a mano todo lo que puedes necesitar para prestarles cuidados en casa.

Si tu mascota está enferma o herida puedes atenderla tú mismo en un primer momento. Para ello necesitarás tener a mano una serie de medicamentos e instrumentos y, desde luego, saber utilizarlos bien.

Equipo imprescindible: El botiquín debe tener agua oxigenada, tijeras, algodón, bastoncillos, gasas, esparadrapo, termómetro y analgésicos.

Es mejor consultar con el veterinario cuál es el equipo más adecuado. Además tendrás que incluir las medicinas que toma habitualmente tu animal. Ten anotado el teléfono de la clínica veterinaria de urgencias más cercana.

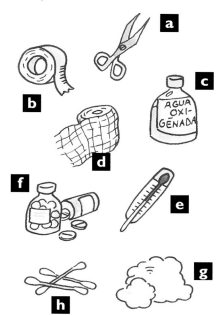

12 Ⓟ **Preparad un folleto de consejos para cuidar a los animales-mascota.**

Aventura Semanal

Estaba el señor don Gato

¿Sabes que en España los gatos tienen siete vidas? Escucha esta canción popular:

Estaba el señor don gato
sentadito en su tejado
marramiau, miau, miau, miau
sentadito en su tejado.
Ha recibido una carta
que debía ser casado,
marramiau, miau, miau, miau

La canción

¡Ya sabes!

Vocabulario y expresiones relacionadas con animales: una mascota, un cachorro, la raza, el veterinario, la pata, sacar al perro a pasear.
Medicinas: botiquín, agua oxigenada, gasas, algodón, esparadrapo.
Contar historias: Ayer nuestro gato se escapó; cuando salió mi padre...; entonces fui a buscarlo.

En serio ...

Autoevaluación

I **¿Qué has comido hoy por la mañana, a mediodía y por la tarde?**
(6 puntos)

2 **Escribe cinco cosas que has hecho alguna vez y cuatro cosas que no has hecho nunca.**
(9 puntos)

3 **Escribe qué has hecho hoy. Incluye seis cosas diferentes que te han pasado.**
(12 puntos)

4 **Escribe tres razones a favor de ser vegetariano y tres razones en contra.**
(12 puntos)

5 **Contesta tres 'Sí' y dos 'No' con frases completas.**
(5 puntos)

¿Has probado alguna vez...

1 calamares?
2 gaseosa?
3 espárragos?
4 tortilla de patata?
5 chocolate con churros?

¡no escribas aquí!

6 **Da unos consejos a este deportista. Escribe el verbo necesario en cada frase:**
(5 puntos)
a _____ una dieta muy variada.
b _____ poca sal.
c _____ mucha fruta.
d _____ el exceso de grasa.
e _____ tu peso.

7 **Escribe cinco objetos que pones en la mesa para comer.**
(5 puntos)

8 **Escribe tres frases para pedir algo en la mesa, tres frases para ofrecer.**
(6 puntos)

9 **Escribe la parte del cliente en un diálogo en el que se reserva mesa en un restaurante (debes decir el número de personas y dónde quieres la mesa).**
(5 puntos)

Camarero: Restaurante Maravillas, dígame.
Tú: _____.
Camarero: Sí señor, ¿para qué hora la quieren?
Tú: _____.
Camarero: Estupendo. Hasta la noche entonces, señor.
Tú: _____.

10 **Quéjate en el restaurante.**
(12 puntos)
a Hay un problema con la sopa.
b Hay un problema con la cuenta.
c En la mesa no hay varias cosas que necesitas.

II **Completa estas frases.**
Ejemplo Camarero, falta un vaso. ¿Puede traerlo por favor?
(5 puntos)
a Camarero, faltan dos tenedores.
  ¿_____?
b Camarero, falta una copa.
  ¿_____?
c Camarero, la mesa está sucia.
  ¿_____?
d Camarero, faltan dos servilletas.
  ¿_____?
e Camarero, falta el pan.
  ¿_____?

12 **Escribe cuatro cosas que puede recetarte un médico.**
(4 puntos)

13 **Dile al médico lo que te ha pasado.**
Ejemplo quemar: Me he quemado con la plancha.
(8 puntos)
a dar un golpe
b romper un brazo
c cortar el dedo
d torcer el tobillo

14 **Escribe tres ventajas de tener animales en casa y tres desventajas.**
(6 puntos)

Total =   /100

... y en broma

I **Éstas son algunas expresiones que usamos en español en las que comparamos acciones con animales. Une las palabras de las dos listas para completarlas. Después une los dibujos con la frase correspondiente.**

LISTA A

1 Habla como
2 Es rápido como
3 Suda como
4 Trabaja como
5 Es astuto como
6 Nada como
7 Va para atrás como
8 Está fuerte como
9 Es más lento que
10 Es tozudo como
11 Está loco como

LISTA B

a una liebre
b un toro
c un burro
d una cabra
e una mula
f un pez
g una cotorra
h el cangrejo
i un zorro
j una tortuga
k un pollo

2 ¿Qué significan estos dichos? Une cada dicho con su significado.

1 Aquí hay gato encerrado.
2 Se llevan como el perro y el gato.
3 Perro ladrador poco mordedor.
4 Tener una lengua de víbora.
5 En menos que canta un gallo.
6 Buscarle tres pies al gato.
7 No se oye ni una mosca.
8 Dar gato por liebre.
9 A otro perro con ese hueso.
10 Acostarse con las gallinas.

a Hay mucho silencio.
b Aquí hay algo extraño.
c Discuten mucho.
d Grita mucho pero no hace daño.
e Ver problemas en todo.
f Engañar.
g Irse a la cama muy pronto.
h Habla muy mal de todos.
i Hacer algo rápidamente.
j A mí no me engañas.

3 ¿Gordo o delgado?

Hoy día existe una obsesión por adelgazar. Pero el estar gordo no siempre se debe a comer más de lo necesario, sino a un mal funcionamiento del organismo. Lee el artículo sobre lo que hacen los españoles para perder peso. Une las frases con los dibujos.

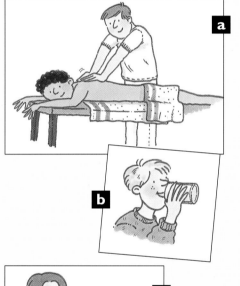

a

b

c

Qué hacemos los españoles para perder peso

Comer menos	76,8 %
Practicar ejercicio	42,8 %
Consumir productos *light*	18 %
Ingerir pastillas	12,1 %
Tomar infusiones adelgazantes	10,3 %
Beber batidos	10,1 %
Usar cremas reductoras	4,5 %
Masajes	3,8 %
Acupuntura	2,5 %
Infiltraciones	0,3 %
Otras acciones	10,1 %
NS/NC	1,5 %

*Al ser un test de respuesta múltiple, la suma de los porcentajes es mayor de 100.

Comer menos y practicar ejercicio son las estrategias más utilizadas por la población española que decide adelgazar, según un estudio sobre nutrición llevado a cabo por el Instituto Gallup. Mientras los hombres prefieren hacer ejercicio para eliminar las grasas sobrantes, las mujeres se decantan por los regímenes, los productos dietéticos y otras estratagemas.

d

e

f

i

g

h

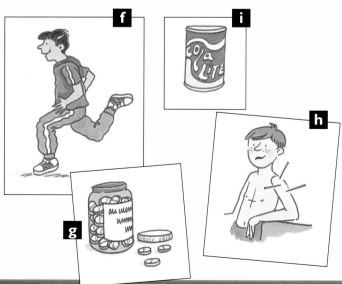

4 Lee otra parte del artículo para saber cuándo está gorda una persona.

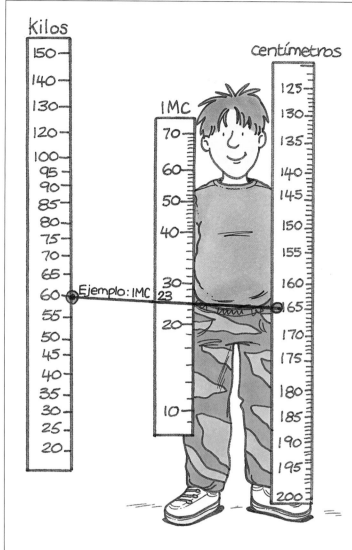

¿Qué tal estoy?

Para saber si sobran o faltan kilos se calcula el índice de masa corporal (IMC). Para calcularlo se divide el peso (en kilos) entre la altura (en metros) elevada al cuadrado):

$$IMC = \frac{Peso}{Altura^2}$$

Así, si usted mide 1,73 metros y pesa 64 kilos, su índice de masa corporal será:
64 : 1, 73 (2).
O sea: 1,73 x 1,73 = 2.992
64: 2.992 = 21,38

Índices de masa corporal:
Por debajo de 20: Es aconsejable subir de peso.
De 20 a 25: Índices aceptables para la mayoría de la gente.
De 26 a 27: Hay riesgos para la salud.
Por encima de 27: Alto riesgo de padecer problemas de salud.

de verdad

5 Pero también hay peligros en querer adelgazar demasiado. Lee la carta que una chica 'anónima' envió a una revista. Contesta las preguntas.

1 ¿Qué tipo de deporte practica esta chica?
2 ¿Cuánto hace que lo practica?
3 ¿Cuándo empezó su problema?
4 ¿Por qué?
5 ¿Cómo ha evolucionado su problema?
6 ¿Cómo se siente ahora?

No acepto mi cuerpo

Me llamo X y quiero escribir sobre mi caso porque deseo que sirva para algo. Me gusta mucho el deporte y he practicado la gimnasia de competición durante muchos años. Siempre he sido la gimnasta ideal: flexible, disciplinada y muy, muy delgada. A los catorce años, lógicamente, mi cuerpo cambió y engordé un poco. Esto fue un problema para mí porque mis compañeras más delgadas ocuparon mi puesto.

Durante meses no comí y el médico dijo que tenía principios de 'anorexia nerviosa'. Con 15 años peso 47 kilos, pero yo me veo enorme. Me siento culpable cuando como. Después de comer demasiado, intento vomitar. Me he obsesionado muchísimo. Soy muy desgraciada. He tomado pastillas para adelgazar, pero tengo mareos y he estado enferma. Ahora he empezado a ir a un psicólogo que me ha dicho que de la anorexia he pasado a un periodo de 'bulimia' y estoy empezando a curarme, pero todavía tengo un largo camino por delante.

'Anónima'

6 Lee el artículo sobre los perros.

1 ¿Cuántos perros hay en España?
2 ¿Qué aspectos hay que considerar antes de adoptar un perro?
3 ¿Cuántos perros son abandonados al año en España?
4 ¿Qué época es la peor para el abandono de perros?
5 ¿Qué les pasa a los perros que van a las perreras?
6 ¿Cómo son los perros abandonados?
7 ¿Qué ventajas tiene el adoptar a un perro adulto?

UN PERRO ES PARA TODA LA VIDA

En España se calcula que hay algo más de tres millones de perros. Antes de adoptar un perro hay que estar realmente convencido de querer tenerlo y sopesar los inconvenientes: vacaciones en función del perro, presupuesto para alimentación y veterinario, paseos... Si esta decisión se medita bien se evitará un grave problema: Cada verano unos cincuenta mil perros son abandonados en nuestro país.

Muchos animales recogidos en albergues dependientes de las sociedades protectoras de animales, están condenados a pasar allí el resto de su vida. En las perreras municipales el final para ellos es el sacrificio.

Si adoptamos un perro

abandonado, éste suele ser más cariñoso y agradecido pues tiene la experiencia de pasarlo mal. Lo único que hay que hacer es firmar un papel en el que te comprometes a actuar de forma responsable.

Pura raza, mestizos, cachorros o adultos... la elección es tuya, pero recuerda que va acompañada de mucha responsabilidad.

116
ciento dieciséis

7 **Lee el anuncio y contesta:**

1 ¿Qué es ADDA?
2 ¿Qué pide el perro del anuncio?
3 ¿Cuánto pagas si tienes doce años?
4 ¿A dónde tienes que llamar?
5 Completa la ficha.

21 **Tu media naranja**

● *Hablar de amigos y amigas íntimas y de tu chico o chica ideal.*

● *Hablar de tu futuro sentimental.*

Aquí estamos dentro de la peña

A Amistad para siempre

1 **Escucha a Tatiana que habla de su mejor amiga, Sara, y contesta las preguntas:**

1 ¿Cómo explica Tatiana su relación con Sara?
2 ¿Cuánto hace que Sara y Tatiana son amigas?
3 ¿Dónde y cuándo la conoció?
4 ¿Cómo es Sara?
5 ¿Tiene más amigos y amigas?
6 ¿Qué es una pandilla?
7 ¿Qué es una peña?

Ésta es mi mejor amiga, Sara

Éstos son unos chicos de la pandilla

2 **Lee y escucha la lista de cualidades y escribe el adjetivo equivalente. Señala 'cualidad' o 'defecto'.**

Ejemplo pereza - perezoso: defecto.

la pereza la sinceridad el egoísmo la confianza la alegría
la envidia la simpatía la lealtad la tolerancia la mentira

3 **Ahora escucha a Tatiana y Jaime y completa el cuadro.**

	Cualidad	Defecto	Temas de conversación
Tatiana		¡no escribas aquí!	
Jaime			

4 **Habla con tu compañero/a. Haz preguntas similares.**

5 Lee el artículo ¡Amigas íntimas!. ¿Qué dice de la amistad?

¡Amigas íntimas!

No importa que tu mejor amigo sea chico o chica... lo fundamental es que vuestra amistad sea auténtica. El 82% de los chicos y el 76% de las chicas entre 13 y 20 años pertenecen a una pandilla. Antaño, las pandillas tan numerosas como se forman en la actualidad prácticamente no existían. Los jóvenes formaban grupos reducidos de amigos, casi siempre del mismo sexo.

El 90% de los jóvenes tienen un amigo muy especial. Existen muchas maneras de demostrar a un amigo/a que siempre podrá contar contigo; por ejemplo, un anillo de amistad. "Los anillos de amistad son una idea original para sorprender a un buen amigo", afirman Cristina (15) y Elisabeth (16). Desde hace un año, estas dos inseparables amigas mantienen una estrecha amistad. Cristina: "Siempre puedo contar con Elisabeth, llamarla para pedirle ayuda, contarle mis penas o simplemente pedirle consejo sobre algún chico. Ella me entiende perfectamente."

Los jóvenes de hoy confían más en los amigos que en su propios familiares. El 90% de los jóvenes revelan sus inquietudes antes a sus amigos que a sus padres. Incluso ante dificultades escolares o dudas en el tema sexual, prefieren recurrir a su círculos de amistad, y no a sus padres o hermanos.

Las grandes productoras norteamericanas reflejan muy bien en series juveniles como 'Sensación de vivir' o 'Melrose Place' que la amistad es lo más importante para los jóvenes de hoy. La pertenencia a un grupo, cuanto más grande mejor, les hace sentirse fuertes para poder afrontar los graves problemas laborales, sociales, ambientales y de drogas, que padece nuestra sociedad.

Sara, 16

"Le pedí salir a Sara, pero me dio calabazas. Me dijo que podíamos ser buenos amigos. Me parecía imposible que una chica pudiera ser mi mejor amiga, pero me equivoqué".

Elisabeth, 16
Cristina, 15

"Siempre estamos juntas. Vestimos igual, escuchamos la misma música y nos gustan los mismos artistas. En fin, somos como dos gotas de agua, ¡las mejores amigas!"

Elif, 17
Ana, 17

"Elif es turca, pero nació en España. Somos amigas inseparables desde la guardería. Pertenecemos a la misma pandilla, compartimos los problemas y las alegrías".

Test de la amistad

¿Formáis un buen equipo? Comprueba con este test si la amistad que existe entre tu mejor amigo/a y tú es realmente sólida. Marca una puntuación del 0 al 10 sin que tu amigo/a lo vea. Luego le toca a él/ella. ¿Coincidís?

	Yo	Amiga/o
Confianza		
Cariño		
Sinceridad		
Tolerancia		
Guardar un secreto		

Ahora haz el 'Test de la amistad' que hay en el artículo.

B ¿Amigos o algo más?

6 Escucha a Roberto y Tatiana y completa la información para cada uno.

	Físicamente me gustan los chicos/las chicas...	De carácter...	Futuro sentimental...	¿Novio/novia?
Roberto				
Tatiana				

SOS Gramática SOS

Me / te gustaría + infinitivo:
Me gustaría encontrar, me gustaría casarme, ¿te gustaría tener hijos?

177

7 **¿Y tú? ¿Quién es tu chico o chica ideal? Primero escribe una lista de cualidades que quieres en él/ella o las que tiene el chico o chica que te gusta (si te gusta alguno/a) y después haz el test de los colores y comprueba si coincide con tu lista.**

Test # El am♥r en el color

Descubre cómo es tu chico o chica ideal, según tus colores favoritos. Primero averigua cuál es tu color.
1 ¿De qué color te gustaría pintar tu habitación?
2 Si te regalan un ramo de flores, ¿de qué color lo prefieres?
3 Vas a salir con un chico o chica fantásticos, ¿de qué color te vistes?
4 Decides forrar tu cuaderno o tu libro: ¿de qué color lo forras?

Y ahora que has decidido tu color, lee:

Rosa
Tu chico/chica es una persona romántica, muy cariñosa, que siempre está a tu lado. ¿Su color favorito? El rosa, por supuesto, igual que tú.

Verde
Necesitas un chico o chica activo/a, positivo/a y optimista, con muchos amigos. Su color es el blanco.

Marrón
Prefieres a los chicos o chicas liberales, sensuales y creativos/as, inconformistas y con un carácter muy fuerte. Su color: el negro.

Azul
Tu chico/chica tiene que ser sensible y cariñoso/a, debe escucharte y valorar tus cualidades. Debe ser creativo/a, espiritual e idealista ¿Su color favorito?: el morado, sin duda.

Blanco
Al chico o a la chica que te gusta, le encanta la naturaleza, es espiritual y soñador(a), idealista, creativo/a. Su color es el morado.

Negro
Te gustan intelectuales e inteligentes, rebeldes y de carácter fuerte, pero también un poco dulces. También prefieren el negro o el amarillo.

Rojo
Te gustaría tener a tu lado a una persona dominante, impulsiva, enérgica y un poco celosa. Su color favorito es también el rojo.

Morado
Te van las personas apasionadas, activas, rebeldes, que siempre tienen planes y saben controlar las situaciones. Su color es el marrón.

Amarillo
Es una persona tranquila, cariñosa y súper divertida. Le gusta ser el centro de atención. Su color: el rojo.

8 **Encuesta en la clase sobre el tema. Poned los resultados en un folleto. Utiliza el cuadro de la actividad B6.**

C Historia de amor: Corazón Roto. Capítulo uno.

9 Roberto es un chico normal que vive con su familia y tiene un hermano mayor.
Roberto tiene 15 años y estudia en el instituto. Le gusta salir y divertirse como a
otros chicos. ¡Pero es muy romántico! Hoy ha ido al club. Todos los días Roberto
escribe su diario. Lee lo que ha escrito. Mira los tres dibujos y di a qué día
corresponden.

Domingo, 8 de enero

Querido diario:
Hoy ha sido un día fantástico,
maravilloso. He conocido a
Carmen. Carmen es amiga de mi
hermana y me la ha presentado
esta tarde en el club juvenil. Es
guapísima y muy divertida. Hemos
ido a tomar algo y luego me ha
acompañado a casa. Lo he
pasado estupendamente. Me ha
dicho que me llamará el sábado
para salir. Me gustaría mucho
salir con ella. ¡Qué ilusión!

Viernes, 14 de febrero

¡San Valentín! Hace más de un
mes que salgo con Carmen. Hoy
me ha dado una tarjeta y me ha
regalado una gorra. ¡Me ha dicho
que le gusto! ¡Soy feliz! Hemos
quedado el domingo para ir a la
discoteca con la pandilla.

Sábado 16 de febrero

Carmen me ha llamado porque no
puede salir esta tarde, ni
mañana. ¡Qué pena! Es que tiene
que ir a visitar a sus abuelos que
viven en el pueblo. Bueno... Pero la
echo mucho de menos,
¡muchísimo! y estoy bastante
aburrido. No sé qué me pasa
estos días, no tengo hambre, no
duermo, no puedo concentrarme
en nada. Creo que estoy... ¡estoy
enamorado! Me gustaría verla
ahora pero...

10 **En grupos pensad y escribid cómo creéis que continuará la historia.**
(Para saber lo que pasa estudia la lección siguiente.)

Aventura Semanal

El sábado por la noche

El sábado por la noche
lo pasé fenomenal,
fuimos a la discoteca,
no paramos de bailar.

Allí conocí a una chica / un
chico
empezamos a charlar,
pero a eso de las once,
yo me tuve que marchar.

La canción

¡Ya sabes!

Me gustaría casarme; ¿te
gustaría tener hijos?
Cualidades: la sinceridad, la
lealtad, la simpatía.
Defectos: la mentira, la envidia,
el egoísmo, la pereza.
una pandilla, una peña

22 ¿Y en casa qué?

A ¡Me llevo bien con todos!

1 Leticia habla de las relaciones con su familia. Antes de escuchar, escribe unas preguntas que os gustaría hacerle sobre el tema. Después escucha las preguntas que le hace Tessa, ¿coinciden con las tuyas? ¿Qué dice Leticia?

Relaciones con hermanos / primos	Relaciones con padres / padres adoptivos / adultos con los que vives	Temas de conversación:	Temas de discusión:

¡no escribas aquí!

2 ¿Qué tal en casa? Haz el test para saber qué relación tienes con tu familia. Mira las soluciones. ¿A qué tipo perteneces tú? Une los dibujos con la pregunta correspondiente.

Test: ¿Qué tal en casa?

1. Llegas a casa y lo primero que haces es…
- **A.** Digo 'Hola' a mis papis y voy al salón a tumbarme en el sofá.
- **B.** Voy a mi cuarto y pongo la música a tope. ¡Así no molesto a nadie!
- **C.** Me pongo los pantalones cortos y la camiseta y me voy a correr al parque.

¡no escribas aquí!

2. Estás viendo tu programa favorito, llega tu hermano o hermana y empieza a cambiar de canal con el mando a distancia…
- **A.** Le digo amablemente: Por favor, ¿quieres ver mi programa favorito conmigo? ¡Está súper interesante!
- **B.** Le quito el mando y cambio el canal. ¿Qué se ha creído? ¡Aquí mando yo!
- **C.** Me levanto y me voy a mi habitación, prefiero no tener una bronca gorda con él/ella.

3. Es el cumpleaños de tu hermana pequeña y tus papis deciden hacer una fiesta sorpresa.
- **A.** No salgo con mis amigos y me quedo a preparar la fiesta. Hoy voy a estar con mi hermana.
- **B.** Me quedo un rato en casa y luego me voy con mis amigos a tomar algo.
- **C.** Me invento que tengo que estudiar en casa de Ana. ¡No soporto las fiestas familiares!

4. Tus padres se van de viaje el fin de semana y, ¡guau! toda la casa para ti. Decides hacer algo súper divertido.
- **A.** Aprovecho para salir hasta muuuuuy tarde.
- **B.** Decido organizar una merienda para la pandilla y estamos charlando hasta las tantas.
- **C.** Preparo una fiesta por todo lo alto e invito a todo el mundo. ¡Estas oportunidades no se dan todos los días!

5. Tus hermanos/as se meten contigo todo el día. ¡No aguantas más! Tomas una decisión:
- **A.** Le digo a mi padre: ¡Papá, por favor, habla con ellos!
- **B.** Voy a prepararles una broma muy fuerte que no olvidarán jamás.
- **C.** Decido no dirigirles la palabra.

6. Paseas con tu chico/a de la mano y de repente… ¡Horror, tus padres! ¿Cómo reaccionas?
- **A.** Les presento a mi amigo/a. Es una buena ocasión.
- **B.** Les digo hola y sigo paseando como si nada.
- **C.** Miro hacia otro lado. ¡No los he visto!

Soluciones

Mayoría de A: Te llevas muy bien con tus padres y con tu familia en general. En tu casa hay comunicación y buen ambiente, compartís los problemas y estáis muy unidos. Confías en tus padres y ellos en ti, saben que pueden dejarte solo/a. Vuestra disciplina es el respeto. Sigue así, no hay nada mejor que estar bien en casa.

Mayoría de B: ¡Cuidado! Estás a punto de estallar de un momento a otro, pero lo bueno es que tienes paciencia. Vas un poco a tu aire, pero también intentas en lo posible estar bien en casa. Prefieres no discutir, no soportas las discusiones. Eres una persona muy independiente, que prefiere estar sola en muchos momentos antes que estar con la familia. No puedes estar en casa más de dos horas.

Mayoría de C: Lo tuyo, desde luego, no es la vida familiar. Vas completamente a tu aire sin tener en cuenta a los demás. Eres una persona súper independiente y algo rebelde. Debes esforzarte un poco más en tener mejores relaciones en casa. ¡Es por tu bien! Sé inteligente y ganarás.

3 **Encuesta en la clase. Habla con tus compañeros sobre el tema y en grupos escribid los resultados.**

Relaciones con hermanos / primos:	Relaciones con padres / padres adoptivos / adultos con los que vives:	Temas de conversación:	Temas de discusión:

¡no escribas aquí!

¡Atención!

reñir (riño) = to fight, argue
discutir = to argue
una discusión = an argument
una tontería = nothing, triviality
un(a) pesado/a = a pain in the neck
blando/a = soft (lenient)
tomar el pelo = to pull sbomebody's leg
la confianza = trust
las notas = marks

B Todo va bien...

4 **Pero a veces hay problemas: ¿Cuáles son los castigos más comunes que ponen los padres a sus hijos? Lee la lista y decide con tu compañero/a cuáles son los más frecuentes (de más a menos).**

- apagar el televisor
- darles un cachete repentino (a los más pequeños)
- mandarles a su cuarto
- no comprarles algo que desean tener
- no darles dinero
- no dejarles jugar con el ordenador
- no dejarles salir de casa

 Ahora escucha el programa de radio y pon los porcentajes. ¿Coinciden con tu lista?

19,8%	45,8%	6,2%	4,6 %	4, 2%	3,2%	2,3%

5 Lee estos consejos para no tener problemas en casa y evitar los castigos o broncas. Una cada frase con un dibujo.

Cómo sobrevivir en casa

❶ ¡Entra cantando!

❷ Si llegas tarde a casa, pon alguna excusa.

❸ Participa alguna vez en las fiestas y reuniones familiares.

❹ Llévate bien con tus hermanos, es mejor no hacerles caso si te toman el pelo.

❺ Si tus padres están enfadados y te riñen, cállate, es mejor eso que discutir y contestarles. Al mal tiempo buena cara: ¡Sonríe!

❻ Habla por teléfono con tus amigos si estás sola. Si están en casa tus padres, procura no hablar durante mucho rato. Eso evitará discusiones.

6 Encuesta en la clase. Pregunta a tus compañeros/as:

1 ¿Los castigan o riñen?
2 ¿Cuáles son los motivos más frecuentes?
3 ¿Cuáles son los castigos más frecuentes?
4 ¿Qué hacen para sobrevivir en casa?
5 ¿Sigues los consejos anteriores?

C Historia de amor: Corazón Roto. Capítulo dos.

7 Roberto está en su cuarto y su madre entra, enfadada. Está sucio y desordenado. Mira el dibujo. ¿Cuál es la conversación entre Roberto y su madre? Lee el ejemplo y escribe las demás frases.

Ejemplo M: ¿Aún no has ordenado los libros en la estantería?
R: No, aún no he ordenado los libros en la estantería.

Escucha y comprueba.

Escucha la continuación de la conversación. La madre encuentra raro a Roberto. ¿Por qué? ¿Qué le pide Roberto a su madre?

8 Por la tarde Roberto ha trabajado mucho en su cuarto. La madre llama, entra y le pregunta qué ha hecho. Mira el dibujo del cuarto, hay varias cosas que ha hecho ya, pero hay varias que no ha hecho aún. Escribe con tu compañero/a dos listas:

Escucha y comprueba.

9 **Haz los diálogos entre Roberto y su madre.**

1 ¿Qué ha hecho Roberto ya?

Ya ha ordenado sus libros.

2 ¿Qué no ha hecho aún?

Aún no ha hecho la cama.

¡no escribas aquí!

10 Ⓟ **Decide y escribe con tu compañero/a qué va a pasar entre Roberto y Carmen.**

Aventura Semanal – ¿Sabes?

Lee el cómic.

¡Ya sabes!

Vocabulario y expresiones de relaciones:

¿Qué tal te llevas con tu familia? Me llevo bien / mal / regular.

¿Discutís? discutimos un poco
Reñir: riño con mi hermana
Hablamos de problemas generacionales / de la juventud.
Ya / Aún no: ¿Ya has hecho la cama?
No, aún no he hecho la cama.

23 ¡Siempre comunicando!

O B J E T I V O S

- **Hablar por teléfono.**
- **Dejar y tomar recados y mensajes.**
- **Dar y entender instrucciones telefónicas.**
- **Del telégrafo a la Internet.**

A ¿Comunicas?

1 **Piensa qué ventajas y desventajas tienen los siguientes medios de comunicación. ¿Cuál prefieres y por qué? Trabaja con tu compañero/a.**

2 **Escucha a Leticia y Sergio que hablan de cómo se comunican con sus amigos y de las ventajas y desventajas de algunos medios de comunicación. Compara con tu lista.**

3 **¿Y tú? Habla con tus compañeros. Encuesta en la clase.**

1 ¿Te gusta hablar por teléfono?
2 ¿Qué dicen tus padres?
3 ¿Prefieres el teléfono o escribir cartas?
4 ¿Has usado alguna vez el correo electrónico?
5 ¿Has usado alguna vez el fax?
6 ¿Has usado alguna vez la Internet?

4 ¿Qué sabes de las telecomunicaciones? Haz el test para saber si dominas el tema.

Test
DE LAS TELECOMUNICACIONES

1 EL INVENTOR DE UN FAMOSO CÓDIGO DE COMUNICACIÓN QUE FUNCIONA CON PUNTOS Y RAYAS FUE:

a Graham Bell
b Samuel Morse
c Claude Chappe

2 EL INVENTOR DEL TELÉFONO FUE:

a Samuel Morse
b G. Marconi
c Graham Bell

3 EL PRIMER CABLE SUBMARINO DE UN TELÉGRAFO ELÉCTRICO UNIÓ:

a Estados Unidos con Puerto Rico.
b Inglaterra con Francia
c España con Francia

4 LA RADIO SE DESARROLLÓ A PARTIR DE:

a 1918
b 1865
c 1944

5 LA PRIMERA RETRANSMISIÓN DE TELEVISIÓN TUVO LUGAR EN:

a Madrid
b Londres
c París

6 EL PRIMER PROGRAMA DE TELEVISIÓN SE DIO EN:

a 1936
b 1946
c 1956

7 LAS TELECOMUNICACIONES GENERALMENTE TIENEN LUGAR EN LA ACTUALIDAD A TRAVÉS DE:

a meteoritos
b cohetes espaciales
c satélites

8 LA RED DE INTERNET SE CREÓ EN:

a 1979
b 1990
c 1994

Mira las respuestas al final de la lección.

B ¡Te llaman por teléfono!

5 a **Escucha la conversación entre Tessa y su madre.**
b **¿Tienes tú el mismo problema de Tessa?**
Prepara un diálogo similar con tu compañero/a.

Estudiante A: madre/padre
Estudiante B: chico/a.

6 **El teléfono no para de llamar. Une cada conversación con el dibujo.**

7 **Lee las frases siguientes. ¿Con cuál crees que termina cada conversación?**

a Llamaré más tarde.

b Vale, estaré aquí hasta las siete.

c Perdone. Adiós.

d Ahora se pone.

e Bueno, gracias por llamarme. Hasta luego.

8 **Ahora haz tú las conversaciones con tu compañero/a. Usa los dibujos.**

9 **Neal está en casa de su amiga Tessa en España y llaman por teléfono. Ayuda a Neal a escribir los recados.**

10 **Tessa llama a Neal por teléfono.**

  1 Neal le da los recados.

  2 Ahora tú eres Neal (o Ana) y tu compañero/a es Tessa (o Pedro). Dale (por teléfono) los recados que has escrito.

  3 Escucha la continuación de la conversación. ¿Qué tiene que hacer Neal para llamar a sus padres?

SOS Gramática SOS

Estilo indirecto:
- Dice que te llamará mas tarde.
- Ha dicho que esta tarde irá al cine.
- Dile que esta tarde iré al club. **178**

178

¡Atención!

Cuando contestamos el teléfono decimos normalmente:
En España: **Diga** o **Dígame**.
En Latinoamerica: **¿Bueno? ¿Hola? ¿Aló?**
Si nos equivocamos, decimos en España: **Se ha equivocado de número**.
En Latinoamérica: **Está equivocado**.
¿Puedo dejar un recado? = Can I leave a message?
¿De parte de quién? = Who is calling?

C Historia de amor: Corazón Roto. Capítulo tres.

11 Roberto está castigado y mañana domingo no puede salir con Carmen.
Roberto no sabe qué hacer.
De repente, se le ocurre una idea: llamar a Carmen por teléfono y explicarle la situación.

1 ¿Qué hará Carmen mañana?
2 ¿Cuándo se verán?

Aventura Semanal – ¿Sabes?

Escucha estos chistes de 'Teléfono'.

¡Ya sabes!

Vocabulario de las comunicaciones: el teléfono, el fax, el correo electrónico, la carta, la internet, el código, el tono, marcar, colgar.
Expresiones telefónicas: dígame, ¿está María?, se ha equivocado de número, ahora se pone, no puede ponerse, no está, ¿puedo dejar un recado?, ¿de parte de quién?
Estilo indirecto: dice que llamará más tarde, ha dicho que esta tarde irá al cine; dile que esta tarde iré al club.

Respuestas al Test de las telecomunicaciones:
1b - 2c - 3b - 4a - 5b - 6a - 7c - 8b

Cuenta tu problema

OBJETIVOS

● *Contar problemas.*
● *Dar consejos.*

A ¡Problemas y más problemas!

1 ¿Cuáles crees que son los problemas de los adolescentes de hoy? Escribe una lista.

2 Escucha a unos chicos y chicas que hablan de sus problemas. ¿Coinciden con tu lista?

Ahora pon los problemas en orden de más importante a menos, según tu opinión. Compara tu lista con las de tus compañeros/as.

3 ¿Tienes tú alguno de estos problemas? Encuesta en la clase. ¿Cuáles son los más comunes?

4 **Lee el artículo para saber las preocupaciones que tienen los jóvenes españoles de hoy. Compara con las de los jóvenes de tu país.**

¿Qué preocupa a los jóvenes de hoy?

Los jóvenes de hoy se enfrentan a numerosos problemas y tienen preocupaciones que, a veces, parecen muy difíciles de superar. Una de las mayores preocupaciones de los jóvenes es su futuro, su porvenir. El paro es un problema muy grave en nuestro país y muchos adolescentes se preguntan si sus estudios y esfuerzos servirán para algo, si podrán encontrar un empleo.

Para los adolescentes la amistad es algo importantísimo y un 80% confiesa que lo que les pone de mejor humor es pasar una tarde con sus amigos. Así pues, los chicos y chicas que tienen problemas para hacer amigos pueden llegar a sufrir muchísimo.

Otra de las cosas que desean es tener una familia feliz. Los adolescentes que no se llevan bien con sus padres o hermanos, que tienen continuas discusiones o que,

incluso sufren abusos físicos o psicológicos, pueden llegar a tener profundas depresiones que pueden llevarles incluso a escaparse y vivir en la calle.

Pero el 'problema' más importante para ellos, según confiesan, es el tener éxito con el sexo opuesto, esto es algo que preocupa a todos. Su aspecto físico les preocupa mucho, incluso a los chicos. El 63% de ellos necesita por lo menos 30 minutos para prepararse para una cita. Son muy presumidos: El 56% confiesa pasar bastante tiempo peinándose y utiliza gominas y espumas, el 65% se mira mucho al espejo.

En cuanto al amor, el 49% confiesa que tiene pánico al llamar por teléfono a una chica o a un chico para pedirle una cita. Incluso

llegan a colgar el teléfono al oír su voz. Los chicos especialmente tienen un miedo tremendo a ser rechazados. Les horrorizan las negativas. Las chicas, en cambio, se lo piensan más, pero a la hora de la verdad son más decididas. Pero los amores duran poco: más de la mitad confiesa que entre dos semanas y dos meses. Los estudios y las notas les preocupan también, pero, en general, este tema se lo toman con más calma.

B Consultorio sentimental

 5 **Si tienes problemas puedes escribir al consultorio del Señor Feliciano Alegre. Mira como se empiezan las cartas más formales y cómo se escribe el sobre con la dirección del consultorio. Pepito Pérez escribe.**

Sr. D. Feliciano Alegre
Consultorio sentimental
Revista 'Joven'
C/ de los Dolores, nº 51
Barcelona 50037

**Si es muy, muy formal
podemos empezar diciendo:**

'Muy señor mío
muy señora mía
muy señores míos:'

Pronombres
personales de
persona (objeto
directo)
me/te/lo/la/le
¿Te vio? Sí, me vio.
No lo/le vi, pero
'no la saludé'.

 170

Pepito Pérez
Pº Ruiseñores, 20
Madrid 23006

Sr. D. Feliciano Alegre
Consultorio sentimental
Revista 'Joven'
C/ de los Dolores, nº 51
Barcelona 50037

Madrid, 5 de agosto

Muy Señor mío:

Le escribo para decirle ....

....

....

¡no
escribas
aquí!

Esperando su respuesta, le saluda atentamente:

Pepito Pérez

6 **Escucha el programa de radio del Señor Feliciano Alegre que lee la carta
de Pepito Pérez. ¿Qué problemas tiene?**

¿Qué respuesta crees que Feliciano da a la carta? Trabaja con tu compañero/a.

Ejemplo Deberías buscar más amigos.

Escucha y comprueba.

C Historia de amor: Corazón Roto. Capítulo cuarto.

7 **El domingo Roberto no se quedó castigado en casa y fue a buscar a Carmen.
Pero, ¿qué pasó? Pon en orden los dibujos y cuenta lo que le pasó. Escucha lo que
dice Roberto y comprueba. Después escribe las frases.**

8 **Roberto está desconsolado. Ayúdale a escribir la carta al Señor Feliciano Alegre. Usa las frases que dice él, pero sustituye el nombre Carmen, ¡que repite muchas veces!, por el pronombre correspondiente:**

Ejemplo La vi.

Escucha y comprueba.
¿Qué crees que pasó después?

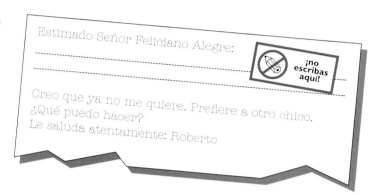

Estimado Señor Feliciano Alegre:

¡no escribas aquí!

Creo que ya no me quiere. Prefiere a otro chico.
¿Qué puedo hacer?
Le saluda atentamente: Roberto

9 Ⓟ **Inventa tu problema: Trabaja en grupos. Cada estudiante escribe una carta con su problema. En grupos se mezclan las cartas. Se coge una carta que no es la suya y se contesta dando una solución al problema. Se lee la solución y cada uno adivina si es para su problema.**

Aventura Semanal

Cielito lindo

Con ese lunar que llevas,
cielito lindo,
junto a la boca,
no se lo des a nadie,
cielito lindo,
que a mí me toca.

Con ese lunar que llevas,
cielito lindo,
junto a la boca,
no se lo des a nadie,
cielito lindo,
que a mí me toca.

La canción

¡Ya sabes!

Pronombres personales: ¿Te vio? Sí, me vio.
Lo llamé, lo vi, la busqué, la saludé
Vocabulario: el problema, la preocupación,
el/ la adolescente, el porvenir, discutir, reñir.
Escribir cartas formales:
Muy señor mío; muy señora mía; le escribo para decirle...; le saluda atentamente.

25 ¡Menudo cuento!

O B J E T I V O S

● **Hablar del amor.**

● **Contar historias de amor famosas: 'Los amantes de Teruel'.**

A Fue un flechazo

I **Ana Rosa y Juanjo hablan de su pareja. ¿Qué dicen?**

1 ¿Cómo conoció a su pareja?
2 ¿Cómo empezó a enamorarse de él/ ella?
3 ¿Con qué frecuencia discuten?

2 **Lee y analiza las estadísticas: Radiografía de la relación de pareja en España. ¿A qué porcentaje corresponden las parejas anteriores?**

RADIOGRAFÍA DE LA RELACIÓN DE PAREJA EN ESPAÑA
Fuente: CIS.

¿Cómo conoció usted a su pareja?	Cifras en porcentaje
A través de familiares o amigos	21,8
De forma puramente casual	21,0
Vivía cerca de su casa	15,8
Trabajaban o estudiaban en el mismo lugar	13,3
Practicando alguna actividad de ocio	8,7
Eran amigos de antes	7,3
Coincidieron en un viaje o veraneo	3,1
A través de 'Correo/teléfono sentimental'	0,5
Otra	8,3
NS/NC	0,2

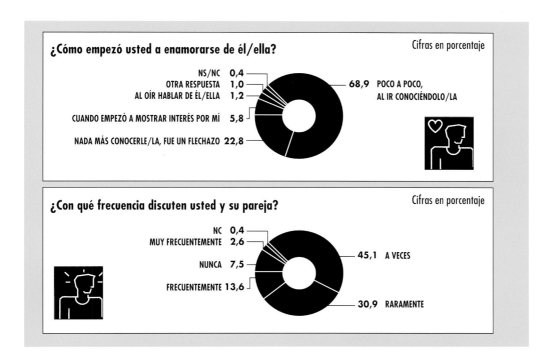

¿Cómo empezó usted a enamorarse de él/ella?

Cifras en porcentaje

NS/NC 0,4
OTRA RESPUESTA 1,0
AL OÍR HABLAR DE ÉL/ELLA 1,2
CUANDO EMPEZÓ A MOSTRAR INTERÉS POR MÍ 5,8
NADA MÁS CONOCERLE/LA, FUE UN FLECHAZO 22,8

68,9 POCO A POCO, AL IR CONOCIÉNDOLO/LA

¿Con qué frecuencia discuten usted y su pareja?

Cifras en porcentaje

NC 0,4
MUY FRECUENTEMENTE 2,6
NUNCA 7,5
FRECUENTEMENTE 13,6

45,1 A VECES
30,9 RARAMENTE

---

3 **Elige unos datos de la encuesta y adopta un papel:**

Ejemplo Tienes novio/a.
Lo/la conociste en una discoteca.
Fue un flechazo.
Discutís mucho por tonterías.

Ahora haced una encuesta en la clase. ¿Cuáles son los datos elegidos con más frecuencia?

4 **Lee este artículo sobre Edu, un cantante español famoso. ¿Qué nos dice de sus primeros amores?**

Edu su primera vez

Su primer amor
«Mi primer amor fue a los trece años con esa chica de mi escuela. Fue amor y desamor a la vez. ¡Tuve de todo! y debido a eso me he endurecido mucho. Ahora soy muy cauteloso y he evitado que me volviese a ocurrir algo parecido. De momento no he vuelto a sufrir ningún desamor ... ¡hasta que me vuelvan a pillar!»
Parece que tenga el corazón de hierro, pero en realidad y en voz muy bajita confesó que le encanta enamorarse.

Su primer éxito en el amor
«En el amor tuve mi primer éxito a los seis años. Era pequeño pero tuve una novia que me duró dos años que se llamaba Lara. Y ella y yo éramos novios oficiales. ¡Íbamos todo el día juntos! Y en referencia a mi primer éxito profesional, sacar este disco fue un éxito en mi carrera. Pero todo lo que he ido haciendo hasta ahora han sido pequeños éxitos que me han ayudado a llegar hasta aquí».

Su primera cita
«Fue cuando tenía unos 12 años. Era una cita formal y me pasé como dos horas sin decir absolutamente nada - se ríe a carcajadas- ¡lo pasé fatal! Habíamos quedado en la parada de un autobús, estuvimos allí una hora sin saber qué decirnos y después nos fuimos a comer unas hamburguesas. No volví a salir nunca más con esa chica. Ni ella me llamó ni yo la llamé. ¡Qué corte!».

Su primer rollo
«Fue en una discoteca. Lo que ocurre es que siempre he sido muy tímido y el hecho de atacar y todo eso... ¡me da mucha vergüenza! Pero bueno, el primer día que me lancé fue en una discoteca y me lo pasé bastante bien.».

Su primer sueño
«Poder ser cantante. Ese ha sido mi primer sueño y por lo que he luchado siempre. Desde pequeño ya lo tenía muy claro».

B El amor en la literatura

5   Mira los dibujos de la historia: Los amantes de Teruel. Pon los diálogos con
     el dibujo correspondiente.

a
Isabel: ¡Diego! ¡Perdóname! He tenido que
         casarme, lo prometí.
Diego: ¡Es demasiado tarde!

b
Diego: Isabel te quiero y quiero casarme
         contigo.
Isabel: Yo también te quiero Diego.

c
Diego: Señor, quiero casarme con su hija
         Isabel
Padre de Isabel: Pero, es imposible,
         eres pobre.

d
Diego: ¡Oh, no! ¿Donde está Isabel?
Padre: ¡Diego! ¡Es demasiado tarde!

e
Diego: Señor, me voy a hacer fortuna dentro
         de tres años volveré y seré rico.
Padre: Si a los tres años no vuelves Isabel se
         casará con Fernando.

f
Isabel: ¡Adiós, amor mío! ¡Quiero morir
         contigo!

g
Priest: Isabel, ¿quieres a Fernando como
         esposo?
Isabel: Sí quiero.

h
Padre: Isabel, tienes que casarte con
         Fernando de Gamboa, es rico.
Isabel: No padre, no le quiero, yo quiero a
         Diego Marcilla.

i
Isabel: ¡Diego! ¡Diego! ¡Amor mío!
         ¡On, no, está muerto! ¡Diego!

j
Madre: ¿Qué ha pasado? ¡Isabel! ¡Hija mía!
         Responde. ¡Isabel!
Padre: Ya no puede. ¡Está muerta! ¡Ha
         muerto de dolor!

k
Padre: Isabel, hija, Diego no ha vuelto,
         tienes que casarte con Fernando.
         Lo prometiste.
Isabel: Sí padre, te obedeceré.

EL DRAMA DE LOS AMANTES DE TERUEL

Una trágica historia sucedió en el Teruel medieval. Diego Marcilla e Isabel Segura se conocían desde niños y descubrieron que estaban enamorados. Diego pidió su mano, pero el joven, de clase humilde, tenía un rival con una desahogada posición: Fernando de Gamboa. Diego pidió tres años para hacer fortuna. El padre de Isabel accedió, pero, si en ese tiempo no volvía, ella se casaría con Gamboa. El joven no regresó e Isabel tuvo que casarse con Fernando. Dos horas después llegaba Diego. Loco de amor, subió a la alcoba nupcial y murió de dolor a los pies de Isabel. Al día siguiente, la muchacha fallecía sobre el cadáver de su amado tras besarle en los labios.

6 **Representad la historia en clase. ¿Sabes alguna historia? Cuéntala a tus compañeros/as. Escríbela.**

C Historia de amor. Corazón Roto. Final

7 **¿Qué le pasó a Roberto cuando estaba en el banco, muy triste? Mira los tres dibujos que son tres posibles finales de la historia. Escucha lo que nos cuenta y di qué final es el verdadero.**

 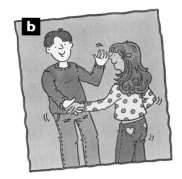 

8 **Elige otro final y cuenta o escribe lo que le pasó a Roberto.**

9 (P) **Escribid vuestras historias de amor.**

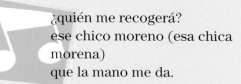

Aventura Semanal

Al olivo

Al olivo, al olivo,
al olivo subí,
por cortar una rama
del olivo caí,
del olivo caí,

¿quién me recogerá?
ese chico moreno (esa chica morena)
que la mano me da.

La canción

¡Ya sabes!

Vocabulario de relaciones: la pareja, el novio, la novia, un flechazo, conocer a una persona, enamorarse de una persona.
Más verbos en el pretérito indefinido: me invitó, ¿cómo lo conociste?, empezamos a salir.

En serio ...

Autoevaluación

1 **Escribe 5 frases sobre tu mejor amigo/a.**
(10 puntos)

2 **Describe a tu chico/a ideal. Di tres cualidades físicas y tres de carácter.**
(12 puntos)

3 **Contesta estas preguntas con frases completas.**
(20 puntos)

   1 ¿Qué cualidades prefieres en un amigo/a? (menciona 2)
   2 ¿Qué defectos odias? (menciona 2)
   3 ¿De qué hablas con los amigos? (menciona 2 temas)
   4 ¿Qué tal te llevas con tu familia? (menciona 2 personas)
   5 ¿Por qué discutes con tu familia y/o amigos? (menciona 2 temas)

¡no escribas aquí!

4 **Escribe 5 frases sobre lo que te gustaría hacer en el futuro (incluyendo el sentimental).**
(10 puntos)

5 **Contesta estas preguntas, con frases completas, usando 'ya' o aún no'.**
(12 puntos)

   1 ¿Has hecho los deberes de español? (Sí)
   2 ¿Has comprado el cuaderno? (No)
   3 ¿Has limpiado tu habitación? (Sí)
   4 ¿Has estudiado la lección? (No)
   5 ¿Has planchado tus camisas? (Sí)
   6 ¿Has leído este libro? (No)

6 **Mira los dibujos y escribe lo que crees que dice cada persona por teléfono.**
(10 puntos)

7 **Completa el diálogo.**
(12 puntos)

   A: Dígame
   B: ¿_____ Juan?
   A: No, no está.
   B: ¿_____?
   A: Sí, claro. ¿De parte de quién?
   B: (deja nombre y recado)

8 **Sustituye los nombres por pronombres en las frases siguientes:**
Ejemplo Vi a Carmen > la vi.
(14 puntos)

   1 Vi a Luis.
   2 No encontré a mis padres.
   3 Busqué a María.
   4 Saludé a tus amigas.
   5 Llamé a Pedro.
   6 Miré a Ana.
   7 Llamé a mis tíos.

Total =   /100

1 **Para saber si él/ ella te quiere. Lee la carta y el consejo de la revista. Si quieres puedes hacer tú la prueba.**

Buscando la media naranja.

❝ Mi problema es que hay varios chicos que me gustan y no sé por cuál decidirme. ¿Conocéis algún método para averiguar cuál me conviene? ❞

Géminis

● Existe un antiguo juego esotérico para saber cuál es el chico que te conviene. Para llevarlo a cabo necesitas tantas nueces como chicos que te gustan, más una para ti. El mejor día para realizar este rito es el viernes, el día de Venus, la diosa del amor. Lo primero que tienes que hacer es coger una nuez y escribir la inicial del nombre del chico que te gusta en ella. Una nuez para cada chico con su inicial correspondiente y una con la inicial de tu propio nombre. Luego, llena un recipiente con agua. Toma todas las nueces en tus manos y concéntrate en esos chicos que te traen de cráneo y en las cualidades que te gustan de ellos. Déjalas caer sobre el agua y deja que el destino hable por sí solo. La nuez que aparezca más cerca de la que lleva tu inicial corresponde al chico que te conviene. Si además quieres saber si tardaréis mucho en uniros, tira a la basura las nueces de los chicos que no han sido escogidos. Coge la tuya y la del chico en cuestión y vuélvelas a lanzar. Si se juntan, no tardaréis en uniros. Si se mantienen alejadas todavía falta algo de tiempo y algunos obstáculos que salvar. Sólo es un juego, pero a lo mejor te sirve de algo...

2 **Habla en 'Morse'. Descodifica el mensaje. Después prepara un mensaje. Escribe tú un mensaje. Tu compañero/a tiene que descifrarlo.**

HABLA EN MORSE...

El morse es muy simple. Todas las letras del alfabeto y las cifras están codificadas con puntos y rayas.

A .-	N -.	1 .----
B -...	O ---	2 ..---
C -.-.	P .--.	3 ...--
D -..	Q --.-	4 ....-
E .	R .-.	5 .....
F ..-.	S ...	6 -....
G --.	T -	7 --...
H	U ..-	8 ---..
I ..	V ...-	9 ----.
J .---	W .--	
K -.-	X -..-	
L .-..	Y -.--	
M --	Z --..	

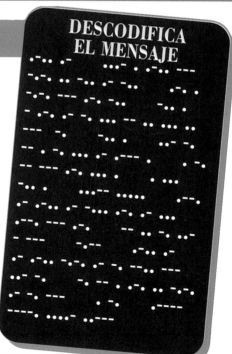

DESCODIFICA EL MENSAJE

Solución: La velocidad récord de transmisión de un mensaje en morse es de 35 palabras por minuto y la alcanzó un americano en 1942.

3 Esta revista pide las opiniones de los jóvenes sobre temas de interés. Esta semana el tema es: ¿Os gusta ser independientes? Lee las opiniones de estos jóvenes. Con cuál estás más de acuerdo tú? Escribe una carta a la revista con tu opinión.

¿Os gusta ser independientes?

El gran debate

En cada número, uno de vosotros plantea una pregunta. Los lectores y las lectoras responden dando su opinión. Ésta es la pregunta de Celia, de 14 años, de Segovia.

"¿Necesitáis mucho a vuestros padres? ¿Preferís que os dejen vivir vuestra propia vida? ¿Les ocultáis alguna cosa o siempre sois sinceros con ellos?"

"Los quiero, pero..."

"Me gustaría independizarme, pero ¿adónde voy con 14 años? Tengo dos hermanas y, aunque ahora me llevo mal con ellas, supongo que si estoy un mes sin ellas las echaría de menos, igual que a mi madre. Por otra parte, sí me gustaría vivir una temporada sola, o con alguna amiga, para saber lo que se siente al ser libre."
Tania, 14 años, Pontevedra

"Son tus mejores amigos"

"Con los padres puedes contar siempre que quieras. Son comprensivos y cariñosos. Yo, a mi madre o a mi padre, les cuento todo; los dos me ayudan, me dan su opinión y sus consejos. Los necesitamos todos y puede que sean la única ayuda fiable que encontraremos a lo largo de nuestra vida."
María Blanca, 12 años, Madrid

"Procuro no pasarme"

"La independencia es muy importante en la vida de cualquier persona. Y yo estoy deseando crecer para tener mi propia casa y hacer lo que quiera. Y en cuanto a mis padres, ellos me dejan ciertas parcelas de libertad, y yo procuro no traicionar su confianza."
Isabel, 13 años, Almería

"No es tan fácil"

"Yo no sabría qué decirte. Por una parte sí y por otra no. Cuando vives a costa de alguien todo parece muy fácil: te dan el dinero, la comida, un sitio donde dormir... Pero si eres independiente, no todo es diversión y libertad. Aunque tengas unos ahorrillos, ¿qué pasará cuando los gastes? Hoy en día todo es muy caro y cuesta mucho encontrar un empleo."
Dessislava, 13 años, Madrid

4 Lee el cómic. ¿Qué trabajos debe hacer la chica en su casa? ¿Cuál es su sueño?

de verdad

Lee el artículo 'Nos queremos mucho' y completa la información:
1 Se conocieron en...
2 Los dos viven...
3 Empezaron a salir porque...
4 Los dos tienen un carácter...
5 Su relación es...
6 Los padres de Michi...
7 Los dos, en el futuro, quieren...

"Nos Queremos Mucho"

Se conocen desde hace casi un año y se sienten "más felices que nunca", aunque hay algunos que intentan hacerles la vida imposible.

El problema racial, que por desgracia perdura en la actualidad, ha llevado a separar de forma drástica y a veces violenta a distintas culturas. Pero también hay cada vez más personas que no tienen prejuicios y no diferencian a los demás por su origen, color de piel o religión.

Éste es el caso de Esther (16) y Michi (17), dos adolescentes que han tenido que luchar mucho por su amor. Se conocieron durante una excursión que organizaron sus respectivos institutos. Ambos viven en la misma ciudad, pero nunca se habían visto anteriormente. Todo comenzó como una simple y sincera amistad, aunque en el fondo se

gustaron desde el primer día. Esther y Michi iniciaron su relación como pareja unos meses después. Ninguno de los dos se atrevió a dar el primer paso, pero gracias a unos amigos comunes que hicieron de *mensajeros* todo resultó más fácil. Michi nos cuenta: "Me molestaba mucho que Esther hablara de sus sentimientos hacia mí con los demás, y nunca conmigo. Ambos somos muy tímidos. Entonces me armé de valor y comprendí que era yo quien debía tomar la iniciativa y

un día le pregunté - eso sí, por teléfono - si quería salir conmigo."

La relación que mantiene ahora Esther con Michi es excelente. Esther: "Entre Michi y yo no hay problemas. Nos queremos con locura. Sus padres me aceptaron desde el primer día, y no les importó en absoluto mi color." Gracias a su gran amor, Esther y Michi quieren casarse y formar una familia en un futuro no muy lejano.

143
ciento cuarenta y tres

26 Ésta es su vida

OBJETIVOS

- *Hablar de tu vida (autobiografías).*
- *Hablar de las vidas de los demás (biografías).*

A Ésta es tu vida

1   **Vas a escuchar a Axa, un famoso actor de la televisión mexicana. Axa habla de su vida en un programa de radio. Prepara las preguntas de la entrevista.**

Ejemplo ¿Dónde naciste?

2 **Ahora escucha a Axa. ¿Contesta todas tus preguntas? Pon en orden los dibujos y después escribe las fechas. Marca los momentos especiales que menciona. Escribe lo que dice para cada dibujo.**

3   **Habla de la vida de Axa con tu compañero/a. Usa los dibujos.**

4 **a Prepara tu autobiografía.**

   b Haz preguntas a tu compañero/a sobre su vida y después cuéntala a los demás.

   c Escribe una carta a Axa contándole tu vida y tus momentos especiales.

B Personajes famosos

5 Tessa y Leticia fueron a un museo de cera y se hicieron fotos
con varios personajes. Escucha lo que dicen sobre cada uno
y di quién es quién. Después escribe la información que dan
de ellos.

6 a Ahora tú eres el personaje famoso y tu compañero/a
te hace una entrevista. Usa los datos de la biografía.

b Juega con tus compañeros. Un grupo prepara la biografía
de alguien famoso. Los demás hacen preguntas para adivinar quién es.

C La clase de arte: Goya

7 Goya es un famoso pintor español.
¿Sabes algo de él? Haz el test de conocimientos.

1 Goya nació en:
a. 1946
b. 1746
c. 1546

2 Goya nació en:
a. Argentina
b. Venezuela
c. España

3 Empezó a pintar:
a. a los 20 años
b. antes de los 12 años
c. a los 40 años

4 Goya pintó cuadros para:
a. el rey de España
b. los amigos
c. el presidente de Argentina

5 Pintó cuadros:
a. de muchos temas
b. sólo de guerra
c. religiosos

6 Goya se quedó:
a. cojo
b. ciego
c. sordo

7 Murió en:
a. España
b. Argentina
c. Francia

8 🔲 **La profesora de arte, señorita Martínez da una lección sobre Goya. Escucha la lección y comprueba si tus respuestas al test son correctas.**
¿Qué otra información da?

Fuendetodos - pueblo donde
nació Goya

La casa donde nació Goya

9 📖 **La clase hace un examen. Fernando, uno de los estudiantes, no ha estudiado mucho. Lee el examen y corrige los errores.**

EXAMEN DE HISTORIA DEL ARTE

NOBRE DEL ESTUDIANTE: *Fernando Gómez Pérez*

PREGUNTA: Habla del pintor Francisco de Goya y Lucientes.

Goya nació en 1746 en Madrid. Sus padres eran muy ricos. Empezó a pintar antes de los 12 años. Se casó pero no tuvo hijos. Goya no fue conocido hasta su muerte y vivió en la pobreza.

Sus cuadros son especialmente religiosos y de guerra. Estuvo muy enfermo de pequeño y se quedó sordo. Por eso sus primeros cuadros son muy tristes y extraños. Más tarde, cuando ya era viejo, empezó a pintar cuadros más alegres. Vivió durante la primera guerra mundial, en 1914, y pintó cuadros sobre las cosas terribles que ocurrieron. Se fue de vacaciones a París y murió allí. Goya es el padre de la pintura moderna.

Mal. 2/10

10 Ⓟ **Escribid una o dos biografías de personajes famosos para preparar un folleto en español sobre ellos.**

Aventura Semanal – ¿Sabes?

Aquí puedes ver dos cuadros de Goya.
Contesta las preguntas.

1 ¿Puedes describirlos?
2 ¿Qué opinas de ellos?
3 ¿Qué sensaciones te causan?
4 ¿Cuál prefieres? ¿Por qué?
5 ¿Por qué crees que los pintó?

Los fusilamientos del tres de mayo

El entierro de la sardina

¡Ya sabes!

Pretérito indefinido en las diferentes personas para hablar de nuestro pasado. Repaso de las formas:
nací, fui al instituto, empecé a trabajar ... ¿Dónde naciste? ¿Dónde estudiaste? Goya nació en Fuendetodos. Empezó a pintar... Murió en Francia.

27

Un poco de historia

OBJETIVOS

● *Hablar de hechos del pasado, especialmente de la historia de España.*

● *Hablar de monumentos españoles.*

A   Nuestra historia

I   Mira los dibujos de estos hechos históricos mundiales y ponlos en la fecha de la línea histórica correspondiente. Escribe las frases en pasado.

a Llegada del primer hombre a la luna

b Cristobal Colón descubre América

c Los árabes invaden la Península Ibérica

d Guillermo el Conquistador invade Inglaterra

e Comienzo de la segunda guerra mundial

f Caída del muro de Berlín y comienzo de la reunificación de Alemania

g Los américanos lanzan la primera bomba atómica sobre Hiroshima

| 711 | 1066 | 1492 | 1939 | 1945 | 1969 | 1989 |

Escucha y comprueba.

B España, cruce de culturas

2 📖 **Lee el artículo que trata de la historia de España. Di qué dibujo corresponde a qué descripción. Después prepara preguntas sobre el texto y hazlas a tu compañero/a.**

Ejemplo ¿Dónde se establecieron los griegos?

España, cruce de culturas

España, o mejor dicho la Península Ibérica, siempre ha sido cuna de muchos pueblos. Algunos de los antiguos habitantes nos cuentan cómo llegaron a ella.

a   **b**   **c**   **d**   **e**   **f**

1 ✠ Nosotros fuimos los primeros pobladores conocidos de la Península Ibérica, nos llamamos Iberos. Vinimos de África y formamos tribus. Construimos nuestros pequeños poblados en el este y el sur, con pequeñas casas de una habitación.

2 ✠ Nosotros llegamos después. Nos llamamos 'Celtas'. Llegamos hacia el año 900 a. de J.C. procedentes del centro de Europa y éramos muy primitivos. Vestíamos de negro y nos gustaba la lucha. En muchos lugares nos mezclamos con los iberos y formamos los poblados celtíberos.

3 ✠ Nosotros, los griegos, nos establecimos en el sur y sureste de la Península, en el año 550 a. de J.C. aproximadamente. Sólo ocupamos una zona pequeña, y nos dedicamos al comercio con los iberos. Les influimos mucho culturalmente.

4 ✠ En el año 218 a. de J.C. nosotros, los romanos, entramos en la península. Tuvimos fuertes luchas, durante 200 años, con algunas de las tribus que vivían allí, pero muchas otras tribus pactaron con nosotros. Llamamos a esta tierra Hispania y a finales del siglo I d. de J.C. se convirtió en una provincia más del imperio romano. Extendimos las leyes y la religión romanas. Construimos grandes carreteras, puentes, acueductos y también grandes ciudades como Cádiz, Tarragona, y Zaragoza. Nuestra civilización estuvo en España hasta el 400 d. de J.C. aproximadamente.

5 ✠ Nosotros llegamos en el siglo V, vinimos del norte de Europa y conquistamos el imperio romano, que ya no tenía ninguna fuerza. Nos llamamos visigodos y dominamos la península en el año 415 d. de J.C. En esta época se extendió y consolidó el cristianismo.

6 ✠ En el año 711 llegamos nosotros, los musulmanes y conquistamos España. La llamamos Al-Andalus y estuvimos allí durante ochocientos años. Pero algunos cristianos del norte lucharon contra nosotros y, al final, perdimos nuestras tierras. En 1492 los Reyes Católicos entraron en Granada y perdimos nuestra última y bellísima ciudad.

C Monumentos históricos

3 Escucha a Tessa que habla de algunas ciudades y monumentos españoles con Yolanda, guía turística. Une cada diálogo con el lugar mencionado. ¿Qué dice Tessa sobre cada lugar?

a La Alhambra de Granada

b La Mezquita de Córdoba

e La Giralda de Sevilla

c El Acueducto de Segovia

d La Sagrada Familia de Barcelona

4 Haz diálogos similares con tu compañero/a. Usa las fotos. Amplía con otros lugares.

Ejemplo ¿Has estado en París? ¿Has visto la torre Eiffel?

SOS Gramática SOS

• **Presente histórico:** El primer hombre llega a la luna.
A menudo en los textos históricos se usa el presente (llega) en vez del pretérito (llegó) para narrar los hechos ocurridos.
• **Pretérito indefinido, plurales:** llegamos, construimos; llegaron, construyeron...
• Diferencia y contraste entre: ¿Has estado en Granada alguna vez? / Estuve en Granada el año pasado.

175

5 **Escucha a Yolanda, nuestra guía turística, que habla de algunos monumentos españoles, mencionados en C3. Completa una ficha para cada uno.**

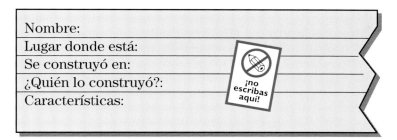

Nombre:
Lugar donde está:
Se construyó en:
¿Quién lo construyó?:
Características:

¡no escribas aquí!

6 **P** a **Prepara fichas y escribe descripciones de monumentos de tu país o un país que conoces para tus amigos españoles o latinoamericanos.**
 b **Escribe un resumen de los acontecimientos históricos más importantes de tu país o región, con fotos y dibujos, para tus amigos españoles o latinoamericanos.**

Aventura Semanal

El flamenco es una música de raíces árabes que es popular especialmente en el sur de España.

El Porompompero
(Cantado por Hermanos Flores)

El trigo entre 'toas' las flores
ha elegido a la amapola
y yo elijo a mi Dolores, Dolores, Lolita, Lola,
y yo, y yo elijo a mi Dolores,
que es la, que es la flor más perfumada,
Doló, Dolores, Lolita, Lola

Porompompón, porompon, porompompero, peró,
porompon, porompompero, peró,
porompon, porompompón.

La canción

¡Ya sabes!

Diferencia entre el pretérito perfecto y el pretérito indefinido:
¿Has estado en Granada alguna vez?
Estuve en Granada el año pasado.

Repaso de los plurales en el pretérito indefinido: llegamos, construyeron.

28

Ayer y hoy

● *Hablar de la vida antes y ahora.*

● *Hablar de grandes inventos.*

A Grandes inventos

1   Éstos son algunos de los grandes inventos del siglo **XX** y de finales del **XIX** que han cambiado nuestras vidas. Ponlos en orden de antigüedad, según tu opinión.

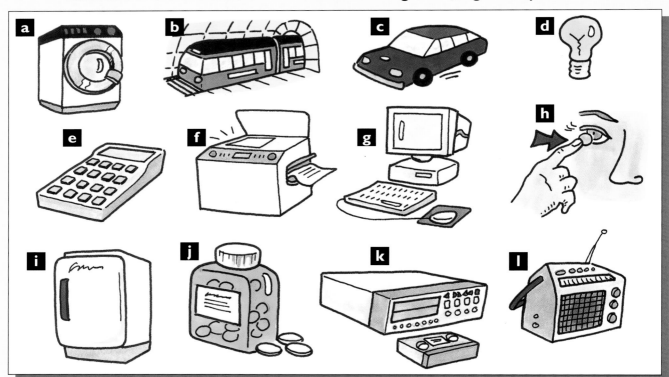

2   Ahora escucha este programa de radio que habla de ellos.
    Escribe las fechas en que se inventaron y comprueba.
    Toma notas de otra información que nos dan.

3 **Escucha a Carlos y Tessa.**
   a ¿Qué inventos les parecen más importantes?
   b ¿Qué razones dan?

4 **Elige los cinco inventos que te parecen más importantes
   y completa la ficha de la revista.**

Cupón de voto

Doy mi voto a los inventos siguientes:
1. _____
2. _____   4. _____
3. _____   5. _____

NOMBRE Y APELLIDOS _____   TELEFONO _____
DIRECCIÓN _____   C.P. _____
POBLACIÓN _____   PROVINCIA _____
AÑO DE NACIMIENTO _____   PROFESIÓN-ACTIVIDAD _____

La respuesta a este cupón es voluntaria. Los datos que nos facilite serán incorporados a un fichero automatizado cuyo responsable es G y J España Ediciones S.L. S.C., en la calle
del Marqués de Villamagna nº 4 28001 Madrid. donde Vd. podra acceder, rectificar y cancelar sus datos.
A través de nuestra empresa, usted podra recibir informaciones comerciales nuestras y de otras empresas que pudieran ser de su interés. Si no desea recibirlas, le rogamos nos lo
haga saber mediante comunicación escrita dirigida por carta certificada al responsable del fichero.

**Después decide con tu compañero/a por qué te parecen los más importantes.
Decidid también las razones por las que los demás inventos son importantes
o imprescindibles.**

B Antes no había coches

5 **Isabel nos habla de su tía-bisabuela María que tiene nada menos que ¡105 años!**

1 ¿Dónde vive?

2 ¿Cuándo nació?

3 ¿Cuántos años tiene?

4 ¿Qué dice de ella?

6 Relaciona estos objetos con la tía María y con Isabel. Escucha y comprueba.

7 Escucha a Isabel que pregunta a su madre qué había o no había antes.

SOS Gramática SOS

Había: En el apartamento no había lavadora.
Antes no había lavadoras.

Pretérito imperfecto de haber en la forma impersonal: Equivale a 'hay' en el pasado y se usa para describir. → 176

C ¿Qué había?

8 **Mira el dibujo de la cocina de la tía María en el año 1897 cuando ella tenía cinco años. Encuentra los siete errores. Escribe frases: ¿Qué había y qué no había?**

Ejemplo No había lavadora.

9 **En grupos preparad pósters de un instituto o escuela de hace 100 años y de vuestro instituto en la actualidad. Escribid qué hay ahora que no había antes. Poned fotos o dibujos.**

Aventura Semanal – ¿Sabes?

Los inventos del TBO

¡Ya sabes!

Pretérito imperfecto: Había. Antes había radio; antes no había lavadoras. Vocabulario: el avión con motor, la lavadora, las lentes de contacto, la nevera; el coche de caballos, la lámpara de gas.

LECCIÓN 29

Viaje al mundo maya

O B J E T I V O S

- *Hablar de los preparativos de un viaje.*
- *Hablar de hechos del pasado, especialmente de la historia de América Central.*

A Un viaje a Centroamérica

1   ¿Recuerdas qué países forman Centroamérica? Mira las zonas mayas.

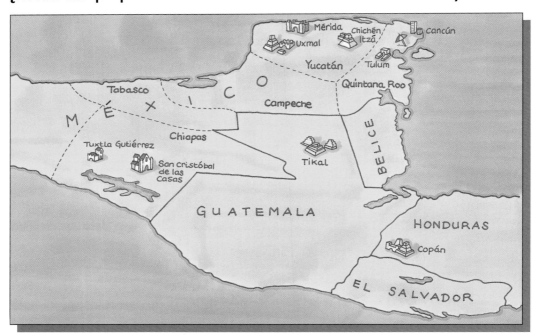

2   Tessa va a visitar a sus tíos que viven en Centroamérica y quiere hacer unas preguntas a su amigo **Axa** sobre el viaje. Ayuda a Tessa a preparar las preguntas sobre:

1. La mejor época del año para visitar la zona.
2. Cómo viajar por la zona.
3. Lugares de interés y monumentos.
4. Alojamiento.
5. Clima.
6. Ropa y objetos necesarios para el viaje.

Escucha para comprobar las
preguntas y obtener la información
necesaria. Encuentra en el mapa de A1 los lugares que menciona Axa.

3 Tu compañero/a es un chico o una chica
de Centroamérica que quiere visitar tu país.
Dale información sobre los mismos temas de A2.
Después escríbele una carta.

B El mundo Maya

4 Tessa quiere saber algo más de la historia
de la zona.
Escucha lo que le cuenta Axa y toma notas.

Imperfecto
Acción: Los mayas jugaban a la pelota.
Descripción: Había unos anillos...

176

5 **Lee el texto sobre los mayas y estudia la información.**

EL MUNDO
MAYA

EL MUNDO MAYA comprende una superficie de casi 500.000 kilómetros cuadrados, repartidos en cinco países: México, Guatemala, Honduras, El Salvador y Belice. Situado entre el océano Pacífico y el mar Caribe, lagos, montañas y selvas han ayudado a dispersar a los distintos grupos y a multiplicar sus lenguajes. Sin embargo, las costumbres y creencias permiten mantener la unidad de toda el área.

Existen veintitrés grupos diferentes de origen maya, que hablan en total veintiocho lenguas.

Los mayas formaron un gran imperio.

Desarrollaron las matemáticas hasta la perfección, eran muy religiosos y estaban obsesionados con el tiempo. Su vida estaba organizada por un calendario más exacto que los que existen actualmente. No conocieron la rueda y sin embargo sus pirámides y monumentos son de una gran belleza y perfección.

En la actualidad desgraciadamente siguen sufriendo mucho y la mayor parte de ellos vive en la pobreza y la marginación. Han debido soportar violencia y abusos, pero mantienen su vida y costumbres con orgullo y dignidad. El mundo maya es un mundo inmortal.

C El juego de pelota

6 **Lee el artículo sobre un deporte que practicaban los mayas.**

Éste es un dibujo del terreno de juego de Chichén Itzá.

EL JUEGO DE PELOTA

Los mayas jugaban a un juego similar al baloncesto. Había unos anillos y el equipo que pasaba la pelota por el anillo ganaba el partido. Era un hecho excepcional ya que los dos, pelota y anillo tenían casi el mismo diámetro. El número exacto de jugadores no se sabe con exactitud, pero se cree que eran muchos. Debían pasarse el pesado balón de caucho con las nalgas, caderas y rodillas. El juego tenía un fuerte carácter simbólico y religioso y, en algunos casos, los vencidos eran sacrificados y la cancha se regaba después con su sangre.

7 **Trabaja en grupo. Preparad preguntas sobre los temas estudiados en esta lección y preguntad a los demás. El grupo que acierta más respuestas es el ganador.**

8 ℗ **Escribid en español algo sobre un tema histórico de vuestro país o de otros países que conocéis y preparad posters con información, fotos y dibujos sobre el tema.**

Aventura Semanal – ¿Sabes?

El universo mágico de una arquitectura sin igual.

Mira cómo construían los mayas sus pirámides.

1. una sólida base

2. ocho plataformas

3. un templo
de cinco entradas.

4. una escalinata
o escalera exterior muy
empinada.

5. una escalera secreta.

6. una cripta o habitación
secreta.

7. el tejado decorado.

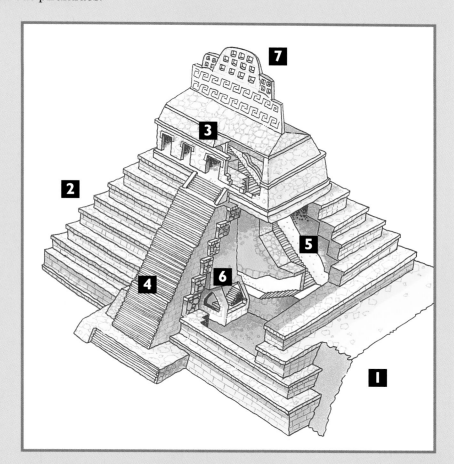

¡Ya sabes!

Vocabulario referente a la civilización maya: el juego de pelota; el anillo; el balón de caucho; la pirámide; la plataforma; la escalinata. Civilización azteca.
Pretérito imperfecto: los mayas jugaban al juego de pelota; el juego tenía un carácter simbólico.

LECCIÓN
30 Música y Folclore

O B J E T I V O S

● *Hablar de música y ropa tradicionales de varias comunidades.*

● *Instrumentos típicos españoles.*

A ¿Bailas?

1 Isabel es una famosa
bailarina española que
baila en el ballet de
Covent Garden.
Hazle una entrevista sobre
su vida y carrera artística,
para la revista de tu instituto.
Prepara las preguntas (usa: usted).

Ejemplo ¿Cómo se llama usted?
¿Donde nació?

2 Escucha la entrevista que le hace Tessa.
¿Coinciden tus preguntas con las de ella?
¿Qué información da Isabel? Toma notas.

Isabel Baquero

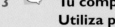

3 Tu compañero/a es un personaje famoso. Hazle una entrevista.
Utiliza por ejemplo las siguientes preguntas:

1 ¿Cuándo nació usted?
2 ¿Dónde?
3 ¿Dónde estudió?
4 ¿Qué hace?
5 ¿Dónde vive?

Escribe un resumen de la entrevista.

B Bailes tradicionales españoles

4 Isabel nos habla de algunos bailes españoles. ¿Qué foto corresponde a qué baile?
Escribe la información que da para cada baile.

5 Describe las fotos a tu compañero/a. Describe la ropa que llevan.

6 Estos son algunos de los instrumentos que se tocan en la música tradicional española.
¿Conoces alguno?

C La Jota: un baile y cante tradicional

7 Lee la carta de Tatiana a su amigo extranjero,
sobre la Jota, un baile tradicional del lugar
donde vive.

Querido amigo:

Imagino que tú, como muchas personas, crees que en España sólo se baila el flamenco, pues, no. Hay muchos otros bailes. Uno de los más famosos es la Jota aragonesa que se baila en mi comunidad, Aragón. A mí me gusta mucho y bailo y canto desde pequeña.

Mi madre es cantante profesional y dirige un grupo folclórico que canta y baila. El grupo se llama 'Raíces de Aragón'. También da clases de canto a los chicos y chicas del pueblo. La jota es un baile muy antiguo y hay muchas clases diferentes, según el pueblo donde se baila. Para bailarla hay que tener mucha energía porque hay que dar muchos saltos y a veces se baila muy deprisa. También es muy difícil y hay que practicar mucho. ¡Es un buen ejercicio para estar en forma!

Para cantar hay que tener una voz buena y fuerte. Los instrumentos que se utilizan son las castañuelas, la guitarra, la bandurria y el laúd. La gente suele cantar mucho, especialmente en fiestas, bodas, celebraciones de todo tipo, especialmente los mayores, aunque los jóvenes intentamos mantener la tradición. ¿Hay algo parecido en tu país? Te envío unas fotos.

8 Une las frases que ha escrito Tatiana con las fotos correspondientes.

a. La jota se puede bailar por parejas.
b. Y también en grupo.
c. Este hombre está cantando una jota y mi madre está esperando para cantar la siguiente.
d. Ésta es la 'rondalla', así se llama al grupo de músicos que tocan la jota.
e. Aquí ves los grandes saltos que dan los 'bailaores'.

9 En grupos preparad un folleto con información sobre música y bailes tradicionales de vuestro país o de un país que conocéis: instrumentos, ropas, instrucciones para bailar. Incluye dibujos y fotos.

Aventura Semanal

Escucha a Arancha que canta unas jotas en la fiesta de fin de curso.

Nadie le tema a la fiera

Que la fiera ya murió.
Nadie le tema a la fiera
que la fiera ya murió.
Y al revolver una esquina
un valiente la mató.
Un valiente la mató.
Nadie le tema a la fiera.

¡Ya sabes!

Vocabulario de música y bailes: el flamenco, la jota, la sardana, la chotis.

La canción

En serio ...

Autoevaluación

I Escribe seis frases sobre tu vida (autobiografía).
(12 puntos)

2 Escribe seis frases sobre la vida de una persona que conoces.
(12 puntos)

3 Transforma los verbos en estas seis frases.
(12 puntos)

1 Goya (empezar) a pintar antes de los 12 años.
2 Goya (morir) en Francia.
3 Los Beatles (empezar) a tocar juntos a principios de los sesenta.
4 El primer disco de los Beatles (salir) en 1962.
5 Shakespeare (ser) un gran escritor.
6 Lindford Christie (ganar) muchas carreras.

¡no escribas aquí!

4 Escribe seis preguntas que quieres hacerle a tu amigo/a sobre su vida en el pasado.
Ejemplo ¿En qué año naciste?
(12 puntos)

5 Pregunta a tu amigo si ha visitado estos lugares. Usa los verbos:

visitar, ver, estar, viajar
(12 puntos)

1 Sevilla/La Giralda
2 Burgos / La catedral
3 Granada / La Alhambra
4 Madrid / El Palacio de Oriente
5 Barcelona / La Sagrada Familia
6 Segovia / El Acueducto

6 Completa las frases. Usa los dibujos.
(10 puntos)

1 Antes no _____.
2 En el siglo XIX no _____.
3 Antes _____.
4 Antes _____.
5 En el siglo XIX _____.

7 Transforma los verbos en los siguientes diálogos.
(16 puntos)

1 A: ¿(visitar) Madrid alguna vez?
B: No, nunca (visitar) Madrid.

2 A: ¿(ir) a Barcelona el año pasado?
B: Sí, (ir) el año pasado.

3 A: ¿(estar) en Chile alguna vez?
B: Sí, (estar) en 1997.

4 A: ¿(ver) la película 'Fenómeno'?
B: No, no (ver) la película 'Fenómeno' aún.

8 Completa este texto. Usa los verbos:
luchar, llamar, convivir, avanzar,
formar, entrar, ser
(14 puntos)

En el año 711 los musulmanes _____ en la península Ibérica y la _____ Al-Andalus. Los invasores musulmanes _____ respetuosos y tolerantes con los cristianos y los dos grupos _____ pacíficamente durante ochocientos años. Los cristianos _____ grupos que _____ contra los musulmanes. Poco a poco _____ hacia el sur, hasta llegar a Granada.

Total = /100

El horóscopo MAYA

Los mayas han sido los mejores observadores del cielo. Antes que ninguna civilización, dividieron el año en 365 días, 5 horas, 48 minutos y 46 segundos, sólo un segundo de diferencia respecto a nuestro calendario. Desde los orígenes milenarios, estudiaron la influencia de los astros en el destino. Así nació el horóscopo maya. Usa trece símbolos, pues observa la bóveda celeste desde el centro de la Vía Láctea.

KAN (La serpiente sabia)
4 al 31 de mayo

KEH (Venado)
21 de septiembre - 18 de octubre

TZUB (La liebre)
1 al 28 de junio

MOAN (Lechuza)
19 de octubre - 15 de noviembre

COZ (El halcón)
8 de febrero - 8 de marzo

AAK (La tortuga)
29 de junio - 26 de julio

KUTZ (El pavo)
16 de noviembre - 13 de diciembre

BALAM (El jaguar valiente)
9 de marzo - 5 de abril

TZOOTZ (El murciélago)
27 de junio - 23 de agosto

XIBKAY (El pejelagarto)
14 de diciembre - 10 de enero

PEK' (Perro guardián)
6 de abril - 3 de mayo

DZEC (El alacrán)
24 de agosto - 20 de septiembre

BATZ KIMIL (El mono eterno)
11 de enero - 7 de febrero

2 El arte mudéjar.

El arte mudéjar es único en Aragón. Es una mezcla de arte cristiano y musulmán. En el siglo XV el arte mudéjar y el arte gótico fueron muy importantes en Aragón. Lee lo siguiente.

de verdad

3 **Haz este test de conocimientos sobre Dalí, un famoso pintor español.**

Lee el texto y comprueba. Amplía tus conocimientos:

TEST

1 Dalí nació en:
 a 1958
 b 1904
 c 1804

2 Dalí nació en:
 a Andalucía
 b Cataluña
 c Mallorca

3 Dalí tuvo un carácter:
 a simpático
 b agresivo
 c tranquilo

4 Fue un estudiante:
 a muy bueno
 b malo
 c regular

5 Durante su vida fue:
 a muy famoso
 b un desconocido
 c muy pobre.

6 El museo Dalí está en:
 a Barcelona
 b Figueras
 c Madrid

7 Murió en:
 a 1989
 b 1881
 c 1900

Dalí es el pintor más representativo de la pintura surrealista española. Nació en 1904, era catalán, de una pequeña ciudad al norte de Cataluña, llamada Figueras. Toda su vida tuvo un temperamento difícil y agresivo. Fue muy mal estudiante y prefería dibujar y pintar. Se trasladó a Madrid en 1921.

Se casó con una mujer que influyó extraordinariamente en su vida y en su obra. Esta mujer se llamaba Gala. Dalí fue muy famoso durante toda su vida como pintor y sus obras están en museos de todo el mundo. En 1974 inauguró en su ciudad de origen el Museo Dalí y murió en 1989.

4 **Mira este cuadro de Dalí. ¿Puedes describirlo? ¿Qué te inspira?**

Metamorfosis del Narciso

de verdad

5 Ahora mira y comenta este fresco, pintado por el gran pintor mexicano Diego Rivera (1886-1957). Se titula 'La gran Tenochtitlan'. Diego Rivera lo pintó en 1945 y mide 4.92 x 9.71 m. Se encuentra en el Palacio Nacional de México.

Mira este detalle del fresco y descríbelo.

de verdad

6 Sevillanas

Las sevillanas son un baile muy popular del sur de España. Además ahora está muy de moda y se baila incluso en las fiestas y discotecas. Escucha a Isabel que explica algo sobre este baile. Une las fotos con lo que dice Isabel.

7 Aprende a bailar sevillanas. Escucha a Isabel que da una clase de sevillanas. ¿Quieres intentarlo? Pues ¡a practicar! Es un ejercicio excelente.

Gramática

Nombres abstractos
Abstract nouns

Abstract and general nouns have articles in Spanish:
La pobreza, la violencia, el hambre, la contaminación aumentarán. `L 10`

Pronombres personales
Personal pronouns

Personal pronouns are used to substitute the names of people or objects in the sentence and they vary in form according to gender and number. There are two kinds of personal pronouns: subject pronouns and object pronouns.

Pronombres sujeto
Subject pronouns

Subject pronouns are words such as *I, you, he, she, it, we, they*, i.e. the subjects of the verb.

Usted   *You – formal*
There is a formal form for the second person, **usted** (*you*), and its short form **vd./ud.**. The plural form is **ustedes** (**vds**). The form **usted** is used in formal situations or when addressing someone you do not know unless he/she is a very young person or a child.

Usted/ustedes is used with the third person endings of verbs: **usted puede/ustedes pueden** (*you can*).

Tú   *You – informal*
Tú is used with children, family or someone you know well or when you are invited to do so by the person you are addressing. There is a tendency now to use **tú** from the first meeting, particularly among young people in Spain. In Latin America the use of **usted** and **ustedes** is far more common. **Ustedes** is also used instead of **vosotros**.

Pronombres objeto
Object pronouns

Object pronouns are words like *me, you, him, her, us or them*, i.e. the objects of the verb. These are divided into direct and indirect object pronouns. The first and second persons are the same for direct and indirect object pronouns:

Te presento a Tessa. `L 11`
¿Te vio? Sí, me vio. `L 24`
Ella me escucha y me ayuda. `L 21`
¿Me das un poco de agua? `L 18`

The third person has different forms for the direct and indirect object pronouns.

Direct object pronouns

me	me
you	te
him/it/you (formal)	lo
her/it/you (formal)	la
us	nos
you	os
them/you (formal)	los/las

Lo, **los** are always used as a direct object pronoun for objects which are masculine and also for males:
Ahora lo traigo. `L 18`
Lo busqué. `L 24`

Similarly, **la**, **las** are always used as the direct object pronoun for objects which are feminine and also for females:
¿Para qué hora la quieren? `L 18`
La miré con sorpresa `L 24`

Indirect object pronouns

me	me
you	te
him/her/you (formal)	le/se*
us	nos
you	os
them/you (formal)	les/se*

*See **Personal pronoun word order**
¿Les escribes cartas a tus amigos? `L 23`

Lo, **los** (direct object) are often substituted by

le, **les** in the case of male persons (this is called **leísmo**):

> **Le** vi ayer. (instead of '**lo** vi').

Both **lo**, **los** and **le**, **les** are now accepted as correct and they are often mixed up in conversation by the same person:

> **Lo** llamé y **le** invité a cenar.

Position of object pronouns

Object pronouns usually go before the verb:

> Juan **me** llamó por teléfono.
> Pedro **la** saludó.

They follow the verb when this is in infinitive form, imperative or gerund (-ing form). In these cases they are attached to the verb.

> ¿Podría limpiarla en seguida? `L 18`
> cállate, levántate `L 13`
> Poco a poco, al ir conociéndolo/la. `L 25`

When the pronoun is attached to the verb the stress of the word changes place and often needs an accent:

> Tómalas si tienes dolor (las pastillas). `L 19`
> Dígame `L 23`
> Tráeme las servilletas. `L 18`

Personal pronoun word order

subject	indirect object	direct object	verb
Yo	te	lo	compro
I	*for you*	*it*	*buy*

Note also that when **le** or **les** is followed immediately by **lo/la** it becomes **se** to avoid getting your tongue twisted around "**le lo**", so:

le(s) + lo/la = se lo/se la (se lo compró)

Lo que   'what'

Lo que/ la que can mean 'what':

> Lo que más me gusta es el fútbol.
> No comprendo lo que te pasa.

'Se' impersonal

This translates literally as 'one' or 'you':

> Mientras se hace deporte hay que beber un
> poco cada quince minutos. `L 17`

Pronombres reflexivos
Reflexive pronouns

Reflexive pronouns are always placed before the verb (**Hoy me he levantado tarde.**) unless it is in the imperative affirmative, infinitive or gerund form. Then they are placed after the verb and attached to it:

> Acuéstate.
> Siéntate.

Often the reflexive pronouns have a reciprocal meaning, expressing 'each other':

> Nos conocimos en el colegio. `L 21`

Pronombres relativos
Relative pronouns

Relative pronouns are words like **que** (that, who, which) and **quien/quienes** (who), which can refer back to a noun or an action already mentioned. Note that **que** doesn't change.

> Un deporte que se juega con una raqueta. `L 14`
> La chica con quien hablaba se llama Carmen.

Pronombres interrogativos
Interrogative pronouns

You know some of the pronouns used in questions such as **¿Quién?** – here is another, meaning *what* or *which*:

> ¿**Cuáles** son los puntos cardinales? `L 6`
> ¿**Cuál** es la más pesimista? `L 10`

Pronombres indefinidos
Indefinite pronouns

The indefinite adjectives and pronouns are used to talk about people or things, but without identifying them. The most frequently used are:

I Referring to things or concepts:

> **algo**   *something* (or in questions, *anything*)
> **nada**   *nothing* or *anything*
> -¿Ves algo?'
> -'No, no veo nada.' `L 10`

Gramática

2 Referring to people:

alguien	*someone/somebody* (or in questions, *anyone/anybody*)
nadie	*no-one / nobody*

-¿Hay alguien?
'-No, no hay nadie.   L 10

Note: none of these forms vary in gender or in number.

Preposiciones
Prepositions

Prepositions are link words. They are used to demonstrate the relationship between words within a sentence. The main prepositions are:

a	hacia
ante	hasta
bajo	para
con	por
contra	según
de	sin
desde	sobre
en	tras
entre	

The following words are also considered as prepositions:

excepto	*except*
durante	*during, for*

You have met some of these words in *Aventura 1* and *2*, but some of them have other meanings which you haven't learnt yet.

A   To, on, down, up, in, at, until...

The preposition **a** is very common and expresses many ideas.

1 When talking about direction (going somewhere) it means *to, on, down, up, in*:
Fui a la cafetería.

2 With expressions of time, it means *at, until* or *to*:
El restaurante abre de las ocho y media a las diez y media.   L 5

3 **A** can also express purpose, meaning *in order to*:
Unos amigos vienen a comer.   L 18

4 Referring to position or situation, **a** can mean *on* or *to*:
A la izquierda vemos la fachada del convento de San Rafael.   L 8

5 **A** is also used in expressions of distance:
Madrid está a 621 km de Barcelona.   L 6

6 When the direct object of the sentence is a person, **a** is put before it:
Yo saludé a Carmen   L 24

7 It is also used before the indirect object:
Si quieres algo, ¿a quién se lo pides?
-A mi madre.   L 22

Con   With

Con generally means *with* – with someone or something - and can also be used with abstract ideas or means:
El 90,8% de los padres amenaza a sus hijos con apagar el televisor.   L 22

Other uses
a Meterse con alguien (to pick an argument with someone):
b Seré simpático con mis compañeros.   L 1

De   Of, from, about...

You already know that de means *of* as in 'belonging to'(**La bolsa de Javier**), but it also has other uses:

1 **De** means *from* when referring to distance or time:
Madrid está a 621 km de Barcelona.   L 6
El restaurante abre de las ocho y media a las diez y media.   L 5

2 **De** can be used to describe people:
El chico de verde es Julio.   L 3
The boy in green is Julio.

It is also used in some expressions to describe a person's situation:

Está de rodillas en el suelo. `L 3`
She is on his/her knees on the floor.

3 It is used with verbs such as **hablar de**, *to speak* or *talk*, **quejarse de** *to complain*, meaning *about*:
¿De qué hablas con los amigos?

Other uses

¿De parte de quién? *On behalf of whom?* `L 2`

Voy de camping. *I'm going camping.* `L 5`

Desde   From

Desde means *from* in expressions of time as well as place:
La entrada en recepción queda cerrada desde las 21h. `L 5`

It is also used in the expression **desde hace**, meaning *since*. See page 178.

En   In, at, by

As well as referring to places, meaning *in* or *at*, **en** has other meanings too.

1 In expressions of time, **en** means *in*:
Puedes hacer windsurf en unos quince o veinte días. `L 4`

2 Some kinds of transport take **en** to mean *by*:
Fui en tren. `L 2`

Hasta   Until, as far as

1 Expressions of time use **hasta** to mean *until*:
Se respetará el silencio en todo el camping desde las 24h hasta las 7.30 de la mañana. `L 5`

2 In expressions of distance, **hasta** means **as far as**:
Desde Panamá hasta Barranquilla.

Por   Because of, for, through...

1 The reason for an action can be expressed using **por**, meaning *because of*:
No vas a quedarte en casa por mí. `L 23`

2 **Por** means *during* or *for* to refer to approximate time and duration:
Por las noches hace fresco. `L 2`

3 **Por** also means *through* or *around* in the sense of place:
Una excursión por la ciudad desde el diez de julio. `L 2`

4 When you are describing the means of something, **por** can mean *through* or *via*:
Desde un pueblo pequeño se podrá hablar con mucha gente por internet. `L 10`

5 Prices in terms of '*per* hour', etc, use **por**:
¿Cuánto cuesta por noche/ por persona? `L 5`

Para   For, in order to

1 Generally **para** expresses intention, purpose or destiny:
Hemos quedado el domingo para ir a la discoteca con la pandilla. `L 2`
Una pomada para la pierna y unas pastillas para el dolor. `L 19`
Seis horas es bastante para hacer windsurf bien. `L 4`

2 **Para** is also used when dealing with time:
La queremos para una hora. `L 4`
¿Para qué hora? -Para las once. `L 11`

Sobre   On, above, about

1 **Sobre** means *on* or *above* when dealing with the position of something:
Un deporte que se juega sobre hielo. `L 12`

2 It also means *about* a subject or topic:
Aquí tenéis un folleto con la información sobre el camping. `L 5`

Gramática

Otras preposiciones Other prepositions

Contra *Against*
Luchó contra el fascismo. `L 3`

Hacia *Towards*
Miró hacia la ventana. `L 22`

Durante *During*
¿Te diviertes durante las vacaciones? `L 1`

Según *According to*
Los castigos más normales según nuestra encuesta son... `L 22`

Sin *Without*
Puede competir con los videntes sin ningún problema. `L 12`

Preposiciones con otras palabras
Prepositions with other words

Many prepositions combine with other words to form prepositional phrases, such as **antes de** (*before*); **después de** (*after*); **detrás de** (*behind*):
Deberán salir del camping antes de las 12 h del mediodía. `L 5`

Conjunciones
Conjunctions

Conjunctions are words used to link sentences or parts of sentences. They can link two separate, independent sentences or subordinate clauses. They are words such as: **o** (*or*), **pero** (*but*), **pues** (*well.., because*), **aunque** (*although*), **como** (*as*), **así que** (*so*)...
Pues me gustaría ser piloto. `L 21`
Me gustaría casarme, pero no muy joven. `L 21`
Mi mejor amiga se llama Sara, aunque tengo otras amigas muy buenas. `L 21`

Adverbios
Adverbs

Adverbs are words which give more information about the verb, as in:
Conduce rápidamente *He drives fast*

Adverbios de cantidad
Adverbs of quantity

bastante (*quite a lot*), **mucho** (*a lot*), **poco** (*a little*), **casi** (*almost*):
En verano hace bastante calor, llueve muy poco. `L 7`
Tessa viene casi todos los días al club. `L 13`

Adverbios de lugar
Adverbs of place

Aquí (*here*), **ahí**, **allí** (*there*):
Cuando salimos por ahí.

Adverbios de tiempo
Adverbs of time

ya (*already*), **siempre** (*always*), **alguna vez** (*sometimes*), **nunca** (*never*), **aún** (*yet*), **todavía** (*yet*) are all adverbs of time. Note that when you want to say *not yet*, you use **aún no**:
¿Ya has ordenado los libros? Sí, mamá, ya he ordenado los libros. `L 22`
Aún no he ordenado el armario. `L 22`
A veces tenemos alguna discusión, pero siempre por tonterías. `L 22`
¿Has comido sardinas alguna vez? No he comido sardinas nunca. `L 16`

If **nunca** goes after the verb we need to put **no** before:
No va nunca al cine

If **nunca** goes before the verb nothing else needs to be added:
Nunca va al cine.

Gramática

Adverbios que terminan en -mente
Adverbs ending in '-mente'

The suffix **-mente** is added to the feminine form of the adjective, like '-ly' in English:
especialmente (especially), **perfectamente**.

Podrás hacer el windsurf perfectamente. `L 4`
Hago ejercicio normalmente tres veces a la semana. `L 11`

Comparativos y superlativos
Comparatives and superlatives

Mejor   Better, best

Me siento mejor ahora, muchísimo mejor. `L 16`
I feel better now, much better. (Comparative)
Mi mejor amiga es Sara. `L 22`
My best friend is Sara. (Superlative)

Los verbos
Verbs

El presente continuo
The present continuous

This expresses what is happening at the moment we are speaking. It is formed by the present of the verb **estar** plus the gerund of the verbs.

yo	estoy	+	
tú	estás	+	
él/ella/usted	está	+	comprando
nosotros/as	estamos	+	bebiendo
vosotros/as	estáis	+	escribiendo
ellos/ellas/ustedes	están	+	

Estoy haciendo los deberes. `L 3`

El pretérito indefinido
The preterite

This tense expresses finished or completed actions that happened in the past in relation to the moment of speaking:

Fui (a Santander) el quince de julio. `L 2`
¿Cuándo fuiste a los Alpes, Tessa? Fui en marzo; estuve una semana. `L 14`

It is usually accompanied by adverbs or expressions of time: **ayer** (*yesterday*); **el año pasado** (*last year*); **la semana pasada** (*last week*); **anoche** (*last night*).

Regular verbs in the preterite
Regular verbs follow this pattern:

	cenar	comer	salir
yo	cené	comí	salí
tú	cenaste	comiste	saliste
él/ella/ud.	cenó	comió	salió
nosotros/as	cenamos	comimos	salimos
vosotros/as	cenasteis	comisteis	salisteis
ellos/ellas/uds.	cenaron	comieron	salieron

Irregular verbs in the preterite
Some verbs change the spelling in their third person singular and plural of the preterite:

e -> i	pedir: pedí, pidió, pidieron
o -> u	dormir: dormí, durmió, durmieron

Others change in the first person singular:

c -> qu	buscar: busqué
g -> gu	jugar: jugué
	llegar: llegué

The strong preterite
Note: the endings are the same or very similar for all of these verbs:

decir (*to say, to tell*): dije, dijiste, dijo, dijimos, dijisteis, dijeron

estar (*to be*): estuve, estuviste, estuvo, estuvimos, estuvisteis, estuvieron

haber: (*mainly used in the 3rd. person sing: **hubo** from '**hay**'*)

hacer (*to do, to make*): hice, hiciste, hizo, hicimos, hicisteis, hicieron

poder (*to be able*): pude, pudiste, pudo, pudimos, pudisteis, pudieron

poner (*to put*): puse, pusiste, puso, pusimos, pusisteis, pusieron

Gramática

querer (*to want*): quise, quisiste, quiso, quisimos, quisisteis, quisieron

saber (*to know*): supe, supiste, supo, supimos, supisteis, supieron

tener (*to have*): tuve, tuviste, tuvo, tuvimos, tuvisteis, tuvieron

traer (*to bring*): traje, trajiste, trajo, trajimos, trajisteis, trajeron

venir (*to come*): vine, viniste, vino, vinimos, vinisteis, vinieron

Note: There are three verbs which are completely different in the preterite:

dar (*to give*), which is conjugated like an -er or -ir verb: di, diste, dio, dimos, disteis, dieron

Ser (*to be*) and **ir** (*to go*) both have the same form in the preterite: fui, fuiste, fue, fuimos, fuisteis, fueron

El pretérito perfecto
The present perfect

The present perfect is formed with the present of the verb **haber** plus the past participle of the main verb. The participle does not vary in gender or number in Spanish.

			cenar	comer	salir
yo	he	+			
tú	has	+			
él/ella/ud.	ha	+	cenado	comido	salido
nosotros/as	hemos	+			
vosotros/as	habéis	+			
ellos/ellas/uds.	han	+			

The auxiliary verb and the participle are always used and inseparable (it is not possible to put any words between them).

Uses of the present perfect
The present perfect is used to express actions that have happened in a period of time that has not finished yet. The action is finished but the time in which the action was realised isn't: this

year, this month, this week, today, this morning:

(Esta mañana) he desayunado leche con galletas. `L 16`

¿Qué has hecho hoy? `L 17`

¿Qué te ha pasado? `L 17`

Esta manana me he dormido y me he despertado tardísimo. `L 17`

Note: If there is a time barrier (the night, the week-end, etc.) the preterite is used:

Ayer me caí esquiando y hoy he salido a pasear pero no puedo andar. `L 19`

It is also used in recent events:

Ha tenido un accidente y se ha roto la pata. `L 20`

Note: In Latin American Spanish the present perfect is not used so much; generally, the preterite is used instead.

The present perfect with 'ya' and 'aún no'
¿Ya has ordenado los libros? Sí mamá, ya he ordenado los libros. `L 22`

¿Ya has hecho la cama? No, aún no he hecho la cama. `L 22`

El pretérito imperfecto
The imperfect

The imperfect is formed by removing the infinitive endings and adding the following endings to the stem of the verb:

	cenar	comer	vivir
yo	cenaba	comía	vivía
tú	cenabas	comías	vivías
él/ella/ud.	cenaba	comía	vivía
nosotros/as	cenábamos	comíamos	vivíamos
vosotros/as	cenabais	comíais	vivíais
ellos/ellas/uds.	cenaban	comían	vivían

Irregular verbs in the imperfect

There are only two irregular verbs: **ser** (*to be*) and **ir** (*to go*):

ser: era, eras, era, éramos, erais, eran
ir: iba, ibas, iba, íbamos, ibais, iban

Uses of the imperfect

The imperfect expresses an action in the past but it does not give information about the beginning or the end of such action:

Estudiábamos juntos la secundaria.   `L 25`

El futuro
The future

In *Aventura 2* you met regular verbs in the future. Here you will find out about the irregular verbs.

Irregular verbs in the future

There are only a few irregular verbs in the future and they can be grouped as follows:

1 Verbs which add a 'd' in the stem:
Tener: tendré, tendrás, tendrá, tendremos, tendréis, tendrán
Venir: vendré, vendrás, vendrá, vendremos, vendréis, vendrán

Poner: pondré, pondrás, pondrá, pondremos, pondréis, pondrán
Salir: saldré, etc.

Las ciudades tendrán un clima controlado.   `L 10`

2 Verbs which lose the 'e' from the stem when forming the future:
Saber: sabré, sabrás, etc.
Poder: podré, etc.
Haber: (*mainly used as impersonal in the 3rd person:* **habrá** *from* **hay**)

Habrá coches voladores.   `L 10`

3 Those which have other irregular forms:
Decir: diré, dirás, etc
Hacer: haré, etc.
Querer: querré, etc.

Haré los deberes todos los días.   `L 1`

El imperativo
The imperative (command form)

The form used for **tú** affirmative is the same as the third person singular of the present tense of the indicative:

¡habla!	*speak!*
¡come!	*eat!*
¡bebe!	*drink!*

Coloca una mano sobre la cara.   `L 13`

Irregular imperatives

salir:	sal
tener:	ten
poner:	pon
decir:	di
venir:	ven
hacer:	haz
ir:	ve
ser:	sé

Haz los deberes.   `L 22`
Di tu nombre en voz alta.   `L 13`
Sé inteligente.   `L 22`

El condicional (formas en -ría)
The conditional

The conditional tense is used to express *would* or *could*. The endings are:

-ría, **-rías**, **-ría**, **-ríamos**, **-ríais**, **-rían**

¿Dónde te gustaría vivir? Me gustaría vivir en un pueblo.   `L 9`
¿Podría reservar una mesa para esta noche?   `L 18`
Querría saber cómo tengo que alimentarlo.   `L 20`

Conditional sentences (if...)

These express a condition and usually start with **si** (*if*):

1 Si + presente + presente
Si no saco buenas notas, dicen que tengo que estudiar más.   `L 22`
Si tu mascota está enferma o herida puedes atenderla tú mismo en un primer momento.   `L 20`

Gramática

2 Si + presente + futuro
Si lo haces todo, te dejaré salir. `L 22`
Si practicas todos los días, podrás hacer el
windsurf perfectamente. `L 4`

3 Si + presente + imperativo
Si quieres ser campeón sigue estos
consejos. `L 17`

¿Ser o estar?
Using 'ser' and 'estar'

When using **ser** and **estar**, **ser** is used to
express a more general and stable quality. This is
often related to personality or character,
colours, shapes; something that cannot change
or has not changed:
¿Cómo es Sara? Pues es simpática y muy
divertida. `L 21`

Estar + adjective expresses a physical or
psychological state that might change or is the
result of a change:
Las casas están vacías y todas están
destruidas. `L 8`
¡Estoy enamorado! `L 2`

Note: the adjectives **roto** (*broken*) and **muerto**
(*dead*) despite their meaning of permanent
quality are used with estar because they are the
result of change.
El jarrón está roto. `L 8`
El gato está muerto. `L 8`

Estar is also used in telephone conversations to
mean that someone is there:
¿Está Tessa? No, no está. `L 23`

Verbos impersonales
Impersonal verbs

Some verbs and expressions do not need a
subject:
llovió, nevó `L 2`
Faltar: falta un vaso. `L 18`
Hay que comer más fruta. `L 17`

Construcciones temporales
Constructions of time

Con presente
Using the present
¿Cuánto tiempo **hace que** juegas al hockey?
Hace tres años. `L 11`
Conozco a Sara **desde hace** muchos años.
Hace un mes **que** salgo con Carmen. `L 21`

Con pretérito
Using the past
¿Cuánto tiempo **hace que** fuiste a esquiar?
Fui a esquiar con el instituto **hace** un año.

Estilo indirecto
Reported speech

We use this to explain what someone else has
told us.
Dice que le llamará más tarde. `L 23`
Ha dicho que esta tarde irá al club. `L 23`
Me ha dicho que le gusto. `L 21`

Expresiones y exclamaciones
Expressions and exclamations

¡Qué fotos tan bonitas!	*What lovely photos!*	`L 3`
¡Qué ilusión!	*Great!*	`L 21`
¡Qué pena!	*What a pity!*	`L 21`
¡Bravo! ¡Muy bien!	*Excellent! Well done!*	`L 4`
¡Hombre!	*Wow!*	`L 11`
¡Qué casualidad!	*What a coincidence!*	`L 11`
¡No importa!	*Don't worry! / It doesn't matter!*	`L 11`
¡Vamos!	*Let 's go!*	`L 21`
¡Cuidado!	*Take care!*	`L 22`
¡Oiga!	*Listen!*	`L 18`
Perdone.	*I beg your pardon.*	`L 18`

Funciones
Functions

Consejo
Advice

Es mejor consultar con el veterinario. `L 20`

Ten anotado el teléfono de la clínica. `L 20`

No debes andar mucho.

Tómalas (las pastillas) si tienes dolor. `L 19`

Expresar y pedir opinión
Expressing and asking for opinions

¿Tú crees que las vacaciones de verano
son largas? `L 1`

Pues yo pienso que habrá vida en
la tierra. `L 10`

Imagino que habrá unas autopistas. `L 10`

Lo bueno/malo/mejor/peor es que is a useful
way of talking about good and bad things.

Lo bueno es que puedes dormir. `L 1`

Lo mejor es que siempre está ahí
cuando la necesito. `L 21`

Lo peor es que he salido de
casa sin dinero. `L 17`

Pedir algo
Asking for something

¿Puede darme la pimienta, por favor? `L 18`

Pásame el aceite, por favor. `L 18`

¿Puedo dejar un recado? `L 23`

Ofrecer algo
Offering something

¿Quiere un poco más de vino? `L 18`

¿Quieres tomar algo? `L 11`

¿Te apetece un poco más de ensalada? `L 18`

Presentaciones
Introducing someone

Te presento a Tessa. `L 11`

Éste es Sergio. `L 11`

Mucho gusto. `L 11`

Invitaciones
Invitations

¿Quieres venir a jugar al tenis el sábado? `L 11`

A

abandonado/a *abandoned*

aburrirse *to get bored*

acariciar *to caress, stroke*

la aceituna *olive*

la acera *pavement*

acercarse *to approach*

aconsejar *to advise*

el acontecimiento *event*

acostumbrado/a *accustomed to, used to*

la actitud *attitude*

la actividad *activity*

la actualidad *the present time, nowadays*

el acueducto *aqueduct*

adaptado/a *adapted*

además *besides*

el/la adolescente *adolescent, teenager*

adoptar *to adopt*

agradable *pleasant, agreeable*

la agricultura *agriculture*

aguantarse *to put up with, to bear*

ahora mismo *right now*

el aire acondicionado *air conditioning*

aislado/a *isolated*

ajetreado/a *very busy*

el ala delta (f) *hang glider*

la alegría *happiness*

alguien *someone*

alguna vez *ever*

algunos/as *some*

alimentar *to feed*

almorzar *to take a mid-morning snack
   (Latin American: to have lunch)*

el almuerzo *mid-morning snack
   (Latin American: lunch)*

el alojamiento *accommodation*

alrededor *around, surrounding*

amablemente *in a friendly way*

la amistad *friendship*

amurallar *to wall up*

analizar *to analyse*

ancho/a *wide*

el/la andaluz(a) *Andalucian, person from
   Andalucia*

la animación *atmosphere, excitement*

anterior *previous*

la antigüedad *antiquity, antique*

antiguo/a *ancient, old*

apagado/a *switched off*

apagar *to switch off*

aparecer *to appear*

apasionado/a *passionate*

apetecer *to feel like, to fancy*

el/la aragonés/aragonesa *Aragonese, person from
   Aragón*

arañar *to scratch (cat)*

el arco *arc, arch*

la arena *sand*

el/la argentino/a *Argentine, person from
   Argentina*

el/la aristócrata *aristocrat*

el artículo *article*

la aspiradora *vacuum cleaner*

el/la astronauta *astronaut*

atar *to tie up*

el atolón *atoll*

atómico/a *atomic*

atropellar *to run over (car)*

aumentar *to increase*

autónomo/a *autonomous*

la autopista *motorway*

la avispa *wasp*

ayudar *to help*

el/la azteca *Aztec*

B

el balcón *balcony*

el baloncesto *basketball*

el balonmano *handball*

el bañador *swimming costume*

la barbilla *chin*

el barco de vela *sailing boat*

barrer *to sweep, to brush*

la base *base, bottom*

la batalla *battle*

batir (un record) *to break (a record)*

beneficioso/a *beneficial*

el benji-goma *bungee jumping*

la biología *biology*

el/la bisabuelo/a *great grandfather/mother*

blando/a *soft, smooth*

la bomba *bomb (noun)*

bombardear *to bomb, to bombard*

la bombilla *light bulb*

la bombona (de gas) *(gas) cylinder*

el bosque *wood (trees)*

el botiquín *first-aid box*

la bronca *row, telling someone off*

bucear *to skindive*

el bulto *swelling*

C

el cacahuete *peanut*

el cachorro *puppy*

el cadáver *corpse, dead body*

la cadera *hip*

la caída libre *sky diving*

el cajón *drawer*

calvo/a *bald*

el cambio (de moneda) *(currency) exchange*

la cancha (de baloncesto) *(basketball) court*

el caos *chaos*

el caracol *snail*

la **cárcel** *prison*
cariñoso/a *affectionate*
la **carrera** *career, race*
casi *almost*
castigar *to punish*
la **catarata** *waterfall*
la **catástrofe** *catastrophe*
el/la **católico/a** *Catholic*
el **caucho** *rubber*
la **caza** *hunting*
la **ceja** *eyebrow*
celebrar *to be held, to take place*
el/la **celta** *Celt*
central *central, middle*
la **cera** *wax*
el **cerdo** *pig*
los **cereales** *cereals*
la **cesta** *basket*
el **chiste** *joke*
los **churros** *fritters*
el **ciberespacio** *cyberspace*
ciego/a *blind*
el/la **ciego/a** *blind person*
la **cita** *date (with a girl/boyfriend)*
¡claro! *of course*
la **clase** *class*
clavar *to nail*
el/la **cliente** *client*
el **clima** *climate*
el **coche de caballos** *horse drawn cart*
el **código** *code*
coger *to grab, take*
el **cohete** *rocket*
coincidir *to coincide*
cojo/a *limping*
el/la **cojo/a** *person with a limp*
el **colchón de goma** *air bed*
colgar el teléfono *to hang up the telephone*
la **coliflor** *cauliflour*
colocar *to place, to put*
comentar *to comment*
la **compañía** *company*
compartir *to share*
competir *to compete*
comprender *to comprise, include; to understand*
común *common*
comunicando *engaged (telephone)*
la **comunidad** *community*
el/la **concursante** *competitor*
el **concurso** *competition*
condenar *to condemn*
confesar *to confess*
la **confianza** *confidence*
el **conocimiento** *knowledge*
la **conquista** *conquest*

el **consejo** *advice*
la **consulta** *consultation*
el **consultorio** *surgery (doctor)*
el **consumo** *consumption, consumer goods*
contagiar(se) *to infect*
la **contaminación** *pollution*
contar *to tell (a story)*
la **continuación** *continuation*
a **continuación** *next*
convencer *to convince*
el **convento** *convent*
convertirse *to convert*
la **convivencia** *coexistence, living together*
convivir *to live together*
la **coordinación** *coordination*
corresponder *to correspond*
correspondiente *corresponding*
corto/a *short*
las **costillas** *ribs*
la **costumbre** *custom*
el/la **cotilla** *gossipy person*
el **crecimiento** *growth*
la **creencia** *belief*
el **cristal** *glass (in window)*
el **cristianismo** *Christianity*
cronológico/a *chronological*
crudo/a *raw*
el **cuadro** *a painting*
la **cualidad** *quality*
en **cuanto** *as far as, regarding*
los **cubiertos** *cutlery*
el **cubo** *bucket*
la **cuchara** *spoon*
la **cucharilla** *teaspoon*
el **cuchillo** *knife*
el **cuello** *neck*
la **cumbre** *top, summit*
el **cursillo** *short course (education)*
el **curso** *course (education)*

D

dar la vuelta *to turn around*
los **datos** *data, information*
el **defecto** *defect*
el/la **delantero** *striker (football)*
los/las **demás** *the rest, the others*
el/la **demócrata** *democrat*
desarrollar *to develop*
el **desastre** *disaster*
el **descanso** *rest, break*
descifrar *to decode*
desconsolado/a *disconsolate, sad*
descontrolado/a *uncontrolled*
desesperado/a *desperate*
desgraciadamente *unfortunately*
la **leche desnatada** *skimmed milk*

destruido/a *destroyed*
destruir *to destroy*
la desventaja *disadvantage*
detrás *backwards, behind*
el diámetro *diameter*
diario/a *daily*
la dieta *diet*
la dignidad *dignity*
el diploma *certificate*
discapacitado/a *disabled*
el disco compacto *compact disk*
discutir *to argue, to discuss*
dispersar *to disperse*
distinto/a *different*
divertirse *to have fun, to enjoy oneself*
doblar *to bend, to fold*
los dolores *aches and pains*
las dudas *doubts*
la duquesa *duchess*
la duración *duration*
durar *to last, to take (time)*

E

ecológico/a *ecological*
económico/a *economic*
el egoísmo *selfishness*
la emisora de radio *radio station*
enamorado/a *in love*
encendido/a *switched on, alight*
la energía *energy, power*
la enfermedad *illness*
enfrentarse *to confront*
enseñar *to teach, to show*
enterarse *to find out about*
entero/a *entire, complete*
el/la entrenador(a) *trainer*
el entrenamiento *training session*
la entrevista *interview*
el/la entrevistador(a) *interviewer*
la envidia *envy*
la época *period of time, age*
el equilibrio *balance*
equivocado/a *mistaken, wrong*
equivocarse *to make a mistake*
la escala gráfica *graphic scale*
la escalada *climbing, scaling*
la escalada libre *freestyle climbing*
los escalones *steps*
escapar *to escape*
la escayola *plaster (for broken limb)*
escocer *to burn, to sting, to chafe*
esencial *essential*
el esfuerzo *effort*
el esguince *sprain*
espacial *space (adj)*
el espacio *space (noun)*

la espalda *back (body)*
el espárrago *asparagus*
el espejo *mirror*
la espeleología *caving, potholing*
la esperanza *hope*
el esplendor *splendour*
el/la esposo/a *spouse, husband/wife*
la espuma *foam, lather*
el esqueleto *skeleton*
establecer *to establish*
las estadísticas *statistics*
el estado *state, condition*
    en mal estado *in bad condition*
el este *East*
la esterilla *sunbathing mat*
estrecho/a *narrow*
el estrés *stress*
estupendo/a *fantastic, wonderful*
la ética *ethics*
evitar *to avoid*
la exactitud *precision, accuracy*
excederse *to exceed, to go too far, to overdo*
el/la excursionista *tourist, sightseer*
las excusas *excuses*
el éxito *success*
la expansión *expansion*
extender(se) *to spread*
el exterior *outside*
extraño/a *strange, foreign*
el/la extraterrestre *alien, extra terrestrial*
el/la extremo *winger (football)*

F

la fachada *façade, outside wall of building*
faltar *to be missing*
    me falta un plato *I need a plate*
    faltan dos vasos *there are two glasses missing*
familiar *family-related*
el fascismo *fascism*
el/la fascista *fascist*
felicitar *to congratulate*
el ferrocarril *railway*
la fibra *fibre*
fiel *faithful*
firmemente *firmly*
el físico *physique, physical*
la flecha *arrow*
la flexibilidad *flexibility*
el flotador *rubber ring (swimming)*
flotante *floating*
el folleto *leaflet, brochure*
estar en forma *to be fit*
formar *to form*
la fotocopiadora *photocopier*
el fregadero *kitchen sink*

freir *to fry*

fresco/a *fresh*

la fuente *fountain*

la fuerza *strength*

fundar *to found (an organisation)*

el fútbol sala *indoor (five-a-side) football*

G

las gafas de natación *swimming goggles*

el/la gallego/a *Galician, person from Galicia*

la ganadería *livestock, cattle-raising*

el/la ganador(a) *winner*

ganar *to win*

los garbanzos *chick peas*

la garganta *throat*

girar *to turn around*

el golpe *blow, punch, kick*

la gomina *hair gel*

las gotas *drops (eye drops)*

el granizado *iced drink*

los granos *spots, pimples*

las grasas *fats*

grave *serious*

el/la griego/a *Greek person*

la gripe *flu*

el guante *glove*

la guerra *war*

el/la guía de viajes *tourist guide*

guisar *to cook*

H

había *there was, there were*

los habitantes *inhabitants*

hacerse *to become*

hacerse socio *to become a member*

el hacha *axe*

hacia atrás *backwards*

la halterofilia *weightlifting*

la hamaca *hammock, sunchair*

el hecho *act, fact, occurrence*

la hectárea *hectare*

el hemisferio *hemisphere*

la herida *injury*

herido/a *injured*

los hidratos de carbono *carbohydrates*

el hielo *ice*

la hierba *grass*

la historieta *short story*

el hombro *shoulder*

la honestidad *honesty*

la horchata *drink made from tiger nuts*

el horno microondas *microwave oven*

horrorizar *to horrify*

la hortaliza *vegetable*

hubo *there was/were*

el/la huérfano/a *orphan*

humanitario/a *humanitarian*

los humos *fumes*

I

el iceberg *iceberg*

ideal *ideal*

el imperio *empire*

imprescindible *indispensable*

la indigestión *indigestion*

la infección *infection*

el infierno *hell*

influir *to influence*

los ingredientes *ingredients*

inmoral *immoral*

inmortal *immortal*

la instalación *installation, facilities*

instalar *to install, set up*

el instituto *institute, secondary school*

la intensidad *intensity*

intercambiar *to interchange, to exchange*

el intercambio *exchange*

la Internet *Internet*

íntimo/a *intimate*

las inundaciones *floods*

invadir *to invade*

el invento *invention*

el/la inventor(a) *inventor*

la inyección *injection*

el itinerario *itinerary*

J

jamás *never*

el jamón serrano *cured ham*

el jarabe *syrup*

el jarrón *vase*

la jaula *cage*

el/la joven *young person*

Los Juegos Olímpicos *Olympic games*

el/la jugador(a) *player*

la juventud *youth*

L

el lago *lake*

las lágrimas *tears*

la lámpara de gas *gas lamp*

la lancha *motor launch*

lanzar *to throw, to drop (a bomb)*

largo/a *long*

el/la lateral derecho/izquierdo *right/left winger (football)*

el lavabo *bathroom sink*

el lavadero *kitchen sink*

la lealtad *loyalty*

las legumbres *vegetables*

la leña *firewood*

las lentes de contacto *contact lenses*

los/las leoneses/as *people from León*

el letrero *notice, label*

levantar *to raise, lift*

la ley *law*

la libertad *freedom, liberty*

ligero/a *light (in weight)*

limpio/a *clean*

lindo/a *nice, pretty*

la línea *line*

la línea recta *straight line*

la llanura *plain (landscape)*

llevarse bien / mal con alguien *to get on well/badly with someone*

lo bueno *the good thing*

lo malo *the bad thing*

lo que *what*

lo único *the only thing*

la longitud *length*

el lugar *place*

lujoso/a *luxurious*

la luna *moon*

M

mandar *to send*

la manera *manner, way of doing something*

mantenerse *to maintain oneself, to support, to sustain*

~ sobre la tabla *to stay on the (surf) board*

la mantequilla *butter*

el maratón *marathon*

maravilloso/a *marvellous*

marcar (un gol) *to score (a goal)*

la marginación *exclusion, marginalisation*

marginado/a *excluded, marginalised*

la mascota *pet*

el/la maya *Mayan person*

la mayoría *majority*

mediano/a *average*

el medicamento *medication*

el medio ambiente *environment*

medir *to measure*

¿cuánto mides? *how tall are you?*

mencionar *to mention*

menos *less*

al menos *at least*

el mensaje *message*

la mente *mind*

la mentira *lie (untruth)*

a menudo *often*

¡menudo cuento! *some story!*

la merienda *afternoon snack*

metálico/a *(made of)metal*

mezclado/a *mixed up*

el/la militar *military person*

los minerales *minerals*

la mitad *half*

la modalidad *kind, variety, way*

molestar *to bother, to interfere*

el monte *hill, small mountain*

un montón *a load. a lot*

morado/a *purple, violet*

la moralidad *morality*

morder *to bite*

morir *to die*

mucho gusto *pleased to meet you*

muerto/a *dead*

muerto/a de hambre *starving hungry*

la muñeca *wrist*

los/las murcianos/as *Murcian, person from Murcia*

el muro *wall*

los músculos *muscles*

el/la musulmán/musulmana *Muslim person*

N

nadie *nobody*

el/la navarro/a *Navarran, person from Navarra*

la nevera *fridge*

ningún/ninguna *no, none*

el noreste *Northeast*

el noroeste *Northwest*

nunca *never*

O

obedecer *to obey*

obsesionado/a *obsessed*

odiar *to hate*

el oeste *West*

el oído *inner ear*

la ola de calor *heatwave*

la ola de frío *cold spell of weather*

oler *to smell*

las olivas *olives*

olvidar *to forget*

opinar *to give an opinion, think about*

el/la optimista *optimist*

opuesto/a *opposite, opposed to*

el orden *order*

ordenado/a *tidy*

el ordenador *computer*

organizarse *to organise yourself*

el orgullo *pride*

la ortografía *handwriting*

oscuro/a *dark*

la oveja *sheep*

el OVNI (Objeto Volador No Identificado) *UFO (Unidentified Flying Object)*

P

pactar *to make an agreement with*

la pala *spade, (badminton) racket, bat*

el palo (de hockey) *(hockey) stick, bat*

la   paloma *dove, pigeon*
la   pandilla *group of friends*
    para *in order to*
    ¿para qué? *what for?*
el   paracaidismo *parachuting*
el   paraíso *paradise*
el   parásito *parasite*
la   parcela *plot of land, pitch for a tent*
el   partido *game, match*
el   paso *step, rate*
el   paso de cebra *zebra crossing*
la   pastilla *tablet, pill*
el   pastor *shepherd*
el   patín *skate*
el   patinaje *skating*
la   paz *peace*
el   pecho *chest*
    peinar *to comb, to brush hair*
la   penicilina *penicillin*
la   Península Ibérica *Iberian Peninsula*
los   pensamientos *thoughts*
    penúltimo/a *penultimate, last but one*
la   peña *club, group of friends*
    perderse *to get lost*
la   pereza *laziness*
    perezoso/a *lazy*
la   periferia *outskirts*
la   perla *pearl*
el/la   perrito/a *small dog*
las   pertenencias *belongings*
    pesado/a *heavy, irritating (colloquial)*
el/la   pesado/a *irritating person (colloquial)*
    pesar *to weigh*
la   pesas *weights*
la   pesca *fishing*
    pesimista *pessimistic*
el/la   pesimista *pessimist*
la   pimienta *pepper*
la   piragua *canoe*
el   piragüismo *canoeing*
la   pirámide *pyramid*
la   piscina cubierta *indoor swimming pool*
la   pista de tenis *tennis court*
el   pivote *pivot*
la   plancha *iron (for clothes)*
    planificar *to plan*
    plateado/a *silver-plated*
    poblado/a *populated*
    ¡pobrecito/a! *poor thing!*
la   pobreza *poverty*
un   poco *a little*
el   polideportivo *sports centre*
el   polvo *dust*
la   pomada *ointment*
    poner la mesa *to set the table*
    ponerse (el sol) *to set (sun)*

    popularizarse *to become popular*
un   poquito *a little bit*
    por supuesto *of course*
    portarse bien *to behave well*
la   portería *goalposts*
el/la   portero/a *goalkeeper*
el   porvenir *future*
    predominar *to predominate*
la   preocupación *worry, preoccupation*
los   preparativos *preparations*
    presentar *to introduce (someone)*
    presionar *to put pressure on*
    presumido/a *conceited, vain*
los   principios *principles*
    probar *to try, to taste*
    procedente *coming from, originating from*
    profundo/a *deep*
    propio/a *own*
       mi propio hermano *my own brother*
    proponer *to propose*
    proporcionar *to provide*
el   propósito *purpose*
la   prosperidad *prosperity*
    proteger *to protect*
la   proteína *protein*
el   pueblo *people*
    se puede *it's permitted (allowed)*
    pues *well*
las   pulgas *fleas*
el   pulpo *octopus*
la   punta *point*
las   puntas de los pies *tips of toes*
los   puntos cardinales *cardinal points of the compass*

Q

    ¡que aproveche! *enjoy your meal!*
    ¡qué dolor! *it hurts!, what pain!*
    ¡qué remedio! *what can you do?*
    ¡qué va! *nonsense!*
    quedarse *to stay, remain*
    quejarse *to complain*
    quemado/a *burnt*
la   quemadura *burn (noun)*
    quemarse *to burn oneself*
    quizás *perhaps*

R

la   rabia *fury, rage*
la   rampa *ramp*
    rápido/a *fast, quick*
la   raqueta *racquet*
    rascarse *scratch oneself*
el   rato *short period of time*
al   rato *after a while*
los   rayos X *X-rays*

la razón *reason*
realizado/a *realised, achieved, done*
el/la rebelde *rebel*
el recado *message*
recetar *to prescribe*
rechazar *to reject*
reciente *recent*
reconstruir *to reconstruct*
recordar *to remember*
el recreo *playtime, recreation*
los recuerdos *memories*
la red *network*
refugiarse *to take refuge*
el/la refugiado/a *refugee*
regañar *to scold, tell off, quarrel*
regar *to water*
el reglamento *rules*
las reglas *rules*
regresar *to return*
reírse *to laugh*
el relámpago *lightning*
el relieve *relief, landscape*
religioso/a *religious*
el/la religioso/a *religious person*
el reloj de pared *clock for the wall*
reñir *to quarrel, fight*
reposar *to rest, relax*
reproducir *to reproduce*
el/la republicano/a *Republican*
reservar *to reserve*
estar resfriado/a *to have a cold*
la resistencia *resistence*
respetar *to respect*
la retransmisión *broadcast*
el robot *robot*
rodeado/a *surrounded*
la rodilla *knee*
el/la romano/a *Roman*
roto/a *broken*
el ruiseñor *nightingale*
la rutina *routine*

S

la salida *way out, exit*
salir (el sol) *to rise (sun)*
saltar a la cuerda *to skip*
el salto al vacío *sky diving*
el salto de longitud *long jump*
la salud *health*
la sandía *water melon*
sano/a *healthy*
el satélite *satellite*
la (enseñanza) secundaria *secondary school*
seguir *to follow*
según *according to*
estar seguro/a *to be sure*
la selva *forest*

el semáforo *traffic lights*
sentimental *romantic*
la sequía *drought*
la servilleta *serviette*
servir para algo *to be of use for something*
siempre *forever*
el siglo *century*
la sílaba *syllable*
la silla de ruedas *wheelchair*
simbolizar *to symbolise*
el símbolo *symbol*
la simpatía *liking, kindness, friendliness*
sin embargo *nevertheless*
la sinceridad *sincerity*
el sitio *place*
el/la socio/a *member*
soler *to do something usually*
　　suele ir en tren *he usually goes by train*
la solución *solution*
solucionar *to solve*
la sombrilla *parasol, sun shade*
el sonido *sound*
sonreír *to smile*
el/la soñador(a) *dreamer*
soportar *to bear, stand, put up with*
sordo/a *deaf*
soso/a *bland*
suavemente *smoothly, softly*
suave (música) *soft (music)*
el submarinismo *deep sea diving*
la suciedad *dirt*
el sudor *sweat*
sumar *to add up*
superar *to overcome*
suplicar *to plead*
suprimir *to suppress*
el sureste *Southeast*
el suroeste *Southwest*
la sustancia *substance*
sustituir *to substitute*
el susto *shock*

T

la tabla de windsurf *windsurf board*
tarde *late*
tardísimo *very late*
las tareas domésticas *household chores*
la tarjeta de crédito *credit card*
el tazón *mug, large cup*
el tejado *roof*
el tema *topic, subject*
templado/a *warm*
el tenedor *fork*
tener ganas *to feel like (doing something)*
la tensión *tension*
la tentación *temptation*
el tiempo *weather, time*

la tierra *land*

el tobillo *ankle*

tocar *to touch*

el tocino *bacon*

en todas partes *everywhere*

la tolerancia *tolerance*

tomar (una pastilla) *to take (a tablet)*

tomar el sol *to sunbathe*

tomar parte *to take part*

la tontería *foolishness, stupid thing*

torcer *to twist*

el toro *bull*

la torre *tower*

en total *altogether*

el tratamiento *treatment*

a través de *by, through, by way of, across*

la travesía *crossing*

travieso/a *naughty*

la tribu *tribe*

el triunfo *triumph, victory*

el trozo *bit, piece*

la tuberculosis *tuberculosis*

tumbarse *to lie down*

la tumbona *recliner (sunbed)*

el/la turco/a *Turk*

el turismo *tourism*

U

último/a *last*

unir *to unite, to join*

urbano/a *urban*

útil *useful*

V

la vaca *cow*

vacío/a *empty*

la vacuna *vaccination*

el/la valenciano/a *Valencian, person from Valencia*

el/la vasco/a *Basque*

las veces *times, occasions*

a veces *sometimes*

el/la vecino/a *neighbour*

el/la vegetariano/a *vegetarian*

la velocidad *speed*

el/la vencido/a *loser, defeated*

el/la venezolano/a *Venezuelan, person from Venezuela*

la ventana *window*

la ventaja *advantage*

el vestuario *changing rooms*

el/la veterinario/a *vet*

la vid *vine*

la vida (cotidiana) *(daily) life*

el vino (de marca) *wine (quality, brand name)*

el/la visigodo/a *Visigoth*

la vitamina *vitamin*

vivo/a *alive*

volador(a) *flying*

el volcán *volcano*

volver *to return*

la voz *voice*

la vuelta *return*

W

el/la windsurfista *windsurfer*

Z

la zona *area*

la zona peatonal *pedestrian precinct*

A

abandoned *abandonado/a*
accommodation *el alojamiento*
according to *según*
accustomed to, used to *acustombrado/a*
to add up *sumar*
adolescente, teenager *el/la adolescente*
to adopt *adoptar*
advice *los consejos*
advise *aconsejar*
affectionate *cariñoso/a*
agriculture *la agricultura*
air bed *el colchón de goma*
air conditioning *el aire acondicionado*
alien *el/la extraterrestre*
alive *vivo/a*
almost *casi*
altogether *en total*
to analyse *analizar*
ancient, old *antiguo/a*
ankle *el tobillo*
to appear *aparecer*
to approach *acercarse*
arch *el arco*
area *la zona*
to argue, discuss *discutir*
article *el artículo*
asparagus *el espárrago*
astronaut *el/la astronauta*
athletics *el atletismo*
atmosphere, excitement *la animación*
attitude *la actitud*
average *mediano/a*
avoid *evitar*
axe *el hacha*

B

back (body) *la espalda*
backwards *hacia atrás*
bacon *el tocino*
balanced *equilibrado/a*
balcony *el balcón*
bald *calvo/a*
base *la base*
basket *la cesta*
basketball *el baloncesto*
basketball court *la cancha*
battle *la batalla*
behind *detrás*
belief *la creencia*
belongings *las pertenencias*
bend, fold *doblar*
besides *además*
biology *la biología*
bit, piece *el trozo*

to bite *morder*
bland *soso/a*
blind *ciego/a*
~ person *el/la ciego/a*
blow, punch, kick (noun) *el golpe*
bomb (noun) *la bomba*
to bomb *bombardear*
to get bored *aburrirse*
to bother, interfere *molestar*
to break (a record) *batir (un record)*
broadcast *la retransmisión*
broken *roto/a*
bucket *el cubo*
bull *el toro*
burn (noun) *la quemadura*
to burn, sting, chafe *escocer*
to burn oneself *quemarse*
burnt *quemado/a*
butter *la mantequilla*

C

cage *la jaula*
calculate *calcular*
canoe *la piragua*
canoeing *el piragüismo*
carbohydrates *los hidratos de carbono*
career, race *la carrera*
to caress, stroke *acariciar*
catastrophe *la catástrofe*
Catholic *el/la católico/a*
cauliflour *la coliflor*
caving, potholing *la espeleología*
century *el siglo*
cereals *los cereales*
certificate *el diploma*
changing rooms *los vestuarios*
chest (body) *el pecho*
chin *la barbilla*
chores *las tareas domésticas*
Christianity *el cristianismo*
clean *limpio/a*
client *el/la cliente*
climate *el clima*
code *el código*
coincide *coincidir*
to comb, brush hair *peinar*
common *común*
community *la comunidad*
compact disk *el disco compacto*
company *la compañía*
to compete *competir*
competition *el concurso*
competitors *los/las concursantes*
to complain *quejarse*
complete *entero/a*
computer *el ordenador*

to confess *confesar*
confidence *la confianza*
to congratulate *felicitar*
consultation *la consulta*
consumer goods *el consumo*
contact lenses *las lentes de contacto*
to convert *convertir(se)*
to convince *convencer*
to correspond *corresponder*
course (education) *el curso*
cow *la vaca*
credit card *la tarjeta de crédito*
cupboard *el armario*
currency exchange *el cambio de moneda*
custom *la costumbre*
cutlery *los cubiertos*

D

dark *oscuro*
date (with a girl/boyfriend) *la cita*
dead *muerto/a*
deaf *sordo/a*
to decode *descifrar*
deep *profundo/a*
desperate *desesperado/a*
to destroy *destruir*
destroyed *destruido/a*
to develop *desarrollar*
to die *morir*
diet *la dieta*
different *distinto/a, diferente*
dirt *la suciedad*
disabled *discapacitado/a*
disadvantage *la desventaja*
disaster *el desastre*
diving (deep sea) *el submarinismo*
doubts *las dudas*
dove, pigeon *la paloma*
drawer *el cajón*
drought *la sequía*
dust *el polvo*

E

ear *el oído*
East *el este*
ecological *ecológico/a*
economic *económico/a*
effort *el esfuerzo*
empty *vacío/a*
engaged (telephone) *comunicando*
to enjoy oneself *divertirse*
enjoy your meal! *¡que aproveche!*
environment *el medio ambiente*
envy *la envidia*
essential *esencial*
to establish *establecer*
event *el acontecimiento*

ever *alguna vez*
everywhere *en todas partes*
to exchange *intercambiar*
excuses *las excusas*
expression *la expresión*
eyebrow *la ceja*

F

facilities *las facilidades, las instalaciones*
fantastic!, wonderful! *¡estupendo!*
fast, quick *rápido/a*
fats *las grasas*
to feed *alimentar*
fibre *la fibra*
to find out about *enterarse de*
first-aid box *el botiquín*
fishing *la pesca*
fit *en forma*
to be fit *estar en forma*
flexibility *la flexibilidad*
floods *las inundaciones*
flu *la gripe*
to fly *volar*
to fold *doblar*
to follow *seguir*
forest *la selva*
forever *para siempre*
to forget *olvidar*
fork *el tenedor*
fountain *la fuente*
freedom, liberty *la libertad*
fresh *fresco/a*
fridge *la nevera*
friendship *la amistad*
to fry *freir*
fumes *los humos*
future *el porvenir, el futuro*

G

Galician *el/la gallego/a*
game, match *el partido*
gel (hair) *la gomina*
to get on well/badly with someone *llevarse bien/mal con alguien*
glass (for drink) *el vaso*
(in window) *el cristal*
glove *el guante*
goalkeeper *el/la portero/a*
goalposts *la portería*
grass *la hierba*
great grandfather/mother *el/la bisabuelo/a*
Greek *el/la griego/a*

H

half *la mitad*
handball *el balonmano*
handwriting *la ortografía*

hang glider *el ala delta (f)*
hang up the telephone *colgar el teléfono*
happiness *la alegría*
to hate *odiar*
to have fun, to enjoy oneself *divertirse*
health *la salud*
healthy *sano/a*
heatwave *la ola de calor*
to help *ayudar*
hill, small mountain *el monte, la colina*
hip *la cadera*
honesty *la honestidad*
hope *la esperanza*
to horrify *horrorizar*
household chores *las tareas domésticas*
hunting *la caza*

I

ice *el hielo*
ideal *ideal*
illness *la enfermedad*
immediately! *¡ahora mismo!*
immoral *inmoral*
to increase *aumentar*
indigestion *la indigestión*
to infect *contagiar*
infection *la infección*
to influence *influir*
ingredients *los ingredientes*
inhabitants *los habitantes*
injection *la inyección*
injured *herido/a*
injury *la herida*
institute, secondary school *el instituto,*
    la (enseñanza) secundaria
Internet *la Internet*
interview *la entrevista*
interviewer *el/la entrevistador(a)*
to introduce (someone) *presentar*
to invade *invadir*
invention *el invento*
inventor *el/la inventor(a)*
iron (for clothes) *la plancha*
isolated *aislado/a*

J

joke *el chiste*

K

kick, punch, blow (noun) *el golpe*
knee *la rodilla*
knife *el cuchillo*
knowledge *el conocimiento*

L

land *la tierra*
last *último/a*

to last *durar*
to laugh *reírse*
law *la ley*
laziness *la pereza*
lazy *perezoso/a*
leaf, page *la hoja, la página*
leaflet, brochure *el folleto*
at least *al menos, por lo menos*
to lie (untruth) *mentir*
to lie down *tumbarse*
to lift *levantar*
light *la luz, la lámpara*
light bulb *la bombilla*
lightning *el relámpago*
limping *cojo/a*
line *la línea*
to live together *convivir*
long *largo/a*
long jump *el salto de longitud*
to lose oneself, to get lost *perderse*
loser, defeated *el/la vencido/a*
to be in love *estar enamorado/a*
love at first sight *el flechazo*
loyalty *la lealtad*
luxurious *lujoso/a*

M

majority *la mayoría*
to make a mistake *equivocarse*
marathon *el maratón*
marvellous *maravilloso/a*
to measure *medir*
    How tall are you? *¿Cuánto mides?*
member *el/la socio/a*
memories *los recuerdos*
to mention *mencionar*
message *el mensaje, el recado*
microwave oven *el horno de microondas*
mind *la mente*
mirror *el espejo*
mistaken, wrong *equivocado/a*
mixed up *mezclado/a*
motorway *la autopista*
muscles *los músculos*

N

narrow *estrecho/a*
naughty *travieso/a*
neck *el cuello*
neighbour *el/la vecino/a*
network *la red*
never *nunca*
nevertheless *sin embargo*
none *ninguno/a*
nobody *nadie*
nonsense! *¡qué va!*
Northeast *el noreste*

Northwest *el noroeste*
notice, label *la etiqueta, el letrero*

O

to obey *obedecer*
obsessed *obsesionado/a*
of course! *¡claro! ¡por supuesto!*
often *a menudo*
ointment *la pomada*
old (object) *antiguo/a*
olives *las aceitunas, las olivas*
optimist *el/la optimista*
organise yourself *organizarse*
outskirts *los alrededores, las afueras*
overcome *superar*
own *propio/a*
    my own pen *mi propio bolígrafo*

P

a painting (noun) *el cuadro*
parachuting *el paracaidismo*
paradise *el paraíso*
parasol, sun shade *la sombrilla*
pavement *la acera*
peace *la paz*
peanut *el cacahuete*
pedestrian precinct *la zona peatonal*
pepper *la pimienta*
perhaps *quizás*
period of time *el rato*
pessimist *el/la pesimista*
pet *la mascota*
photocopier *la fotocopiadora*
pig *el cerdo*
pigeon *la paloma*
place *el lugar, el sitio*
to place, put *colocar*
to plan *planificar*
plaster (for broken limb) *la escayola*
player *el/la jugador(a)*
playtime, recreation *el recreo*
pleasant, agreeable *agradable*
pleased to meet you *¡mucho gusto!*
pollution *la contaminación*
populated *poblado/a*
poverty *la pobreza*
to prescribe *recetar*
principles *los principios*
prison *la cárcel*
to propose *proponer*
to protect *proteger*
to provide *proporcionar*
punch, kick, blow *el golpe*
to punish *castigar*
puppy, small dog *el cachorro*
purple, violet *morado/a*
to put up with, bear *aguantar(se)*

Q

quality *la calidad*
to quarrel, fight *reñir*
quick, fast *rápido/a*

R

racquet *la raqueta*
radio station *la emisora de radio*
railway *el ferrocarril*
to raise, to lift *levantar*
to realise, to achieve *realizar*
reason *la razón*
refugee *el/la refugiado/a*
to reject *rechazar*
religious *religioso/a*
religious person *el/la religioso/a*
to remember *acordarse*
to reserve *reservar*
resistence *la resistencia*
respect *respetar*
rest, the others *los/las demás*
rest, break *el descanso*
to rest, relax *reposar, descansar*
to return *volver*
ribs *las costillas*
rocket *el cohete*
romantic *romántico/a*
roof *el tejado*
routine *la rutina*
rubber *la goma, el caucho*
rules *el reglamento*
to run over (car) *atropellar*

S

safe *seguro/a*
sand *la arena*
satellite *el satélite*
to score (a goal) *marcar (un gol)*
to scratch (cat) *arañar*
to scratch oneself *rascarse*
secondary school *el instituto,*
    la (enseñanza) secundaria
serious *grave*
serviette *la servilleta*
to set the table *poner la mesa*
to share *compartir*
sheep *la oveja*
shepherd *el pastor*
shock (noun) *el susto*
short *corto/a*
shoulder *el hombro*
sink (kitchen) *el fregadero, el lavadero*
sink (bathroom) *el lavabo*
skate *el patín*
skating *el patinaje*
skip *saltar a la cuerda*

sky diving *el salto al vacío*
to smell *oler*
to smile *sonreír*
snail *el caracol*
solve *solucionar*
some *algunos/as*
someone *alguien*
sometimes *a veces*
sound *el sonido*
Southeast *el sureste*
Southwest *el suroeste*
space (adj) *espacial*
space (noun) *el espacio*
speed *la velocidad*
spicy *picante*
spoon *la cuchara*
sports centre *el polideportivo*
spots, pimples *los granos*
sprain *el esguince*
to spread *extender(se)*
state, condition *el estado*
    in bad condition *en mal estado*
statistics *las estadísticas*
steps *los escalones*
to sting, chafe, burn *escocer*
strength *la fuerza*
stress *el estrés*
striker (football) *el/la delantero*
to stroke *acariciar*
success *el éxito*
to sunbathe *tomar el sol*
surrounded *rodeado/a*
swimming costume *el bañador*
to switch off *apagar*
to switch on *encender*
syrup *el jarabe*

T

tablet, pill *la pastilla*
to take (medicine) *tomar*
to take part *participar, tomar parte*
to teach, to show *enseñar*
tears *las lágrimas*
teaspoon *la cucharilla*
teenager *el/la adolescente*
to tell a story *contar*
tennis court *la pista de tenis*
tension *la tensión*
there was/were *hubo, había*
thoughts *los pensamientos*
throat *la garganta*
tidy *ordenado/a*
to tie up *atar*
topic, subject *el tema*
to touch *tocar*
tourism *el turismo*
tourist, sightseer *el/la turista*

tourist guide *el/la guía*
tower *la torre*
traffic lights *el semáforo*
trainer *el/la entrenador(a)*
training session *el entrenamiento*
treatment *el tratamiento*
to try, taste *probar*
to turn around *dar la vuelta*

U

UFO *el OVNI (Objeto Volador No Identificado)*
unfortunately *desafortunadamente*
useful *útil*

V

vaccination *la vacuna*
vacuum cleaner *la aspiradora*
vase *el jarrón*
vegetable *la verdura*
vegetarian *el/la vegetariano/a*
vet *el/la veterinario/a*
vitamin *la vitamina*
voice *la voz*
volcano *el volcán*

W

war *la guerra*
warm *templado/a*
wasp *la avispa*
to water *regar*
water melon *la sandía*
waterfall *la catarata*
wax *la cera*
way out, exit *la salida*
to weigh *pesar*
weightlifting *la halterofilia*
weights *las pesas*
West *el oeste*
wheelchair *la silla de ruedas*
wide *ancho/a*
to win *ganar*
window *la ventana*
winger (football) *el/la extremo, el/la lateral*
winner *el/la ganador(a)*
wonderful *¡estupendo!*
wood (trees) *el bosque*
worry, preoccupation *la preocupación*
wrist *la muñeca*
wrong *equivocado/a*

X

X-rays *los rayos X*